# 报纸采编新论

黄琳斌　著

暨南大学出版社
JINAN UNIVERSITY PRESS

中国·广州

图书在版编目（CIP）数据

报纸采编新论 / 黄琳斌著. -- 广州 ： 暨南大学出版社, 2025. 5. -- ISBN 978-7-5668-4147-6

Ⅰ. G212；G213

中国国家版本馆 CIP 数据核字第 20256294AF 号

报纸采编新论

**BAOZHI CAIBIAN XINLUN**

著　者：黄琳斌

------------------------------------

出 版 人：阳　翼
策划编辑：黄　颖
责任编辑：黄　颖
责任校对：孙劭贤
责任印制：周一丹　郑玉婷

出版发行：暨南大学出版社（511434）
电　　话：总编室（8620）31105261
　　　　　营销部（8620）37331682　37331689
传　　真：(8620) 31105289（办公室）　37331684（营销部）
网　　址：http：//www. jnupress. com
排　　版：广州市新晨文化发展有限公司
印　　刷：广州市友盛彩印有限公司
开　　本：787mm×1092mm　1/16
印　　张：9. 75
字　　数：170 千
版　　次：2025 年 5 月第 1 版
印　　次：2025 年 5 月第 1 次
定　　价：48. 00 元

（暨大版图书如有印装质量问题，请与出版社总编室联系调换）

# 走高质量发展的创新之路（代前言）

近年来，上百家报纸陆续停（休）刊，加上报纸自身和外部各种复杂原因，部分报纸的传播力、引导力、影响力、公信力（以下简称"四力"）和经济效益有下行的趋势。不少人对报纸的前景持悲观的看法，有极端者甚至认为，在不久的将来，报纸将会消亡。

不少人说，纸媒"入冬"的根子在于，这种媒介形式已越来越不适应时代的发展、受众的需求，新媒体的活跃则加快了这种趋势的发展。拙著以为，问题的关键不在纸媒这种形式，而在其刊载的内容。近年来，由于种种原因，部分报纸虽然使用的印刷纸张日益精美，但由于不讲新闻规律、宣传艺术，多数读者想知道、应当知道的东西常常不刊发，而多数读者不想知道、不必知道、快餐式、碎片化和低品质的东西充斥版面，这个问题似乎有愈演愈烈的势头。另外，报纸数量偏多、内容重复、质量不高，也导致市场供应过剩。而部分报纸如《参考消息》《环球时报》《南方周末》等依然受到欢迎，主要原因也正在于它们的内容让读者喜闻乐见，这也有力证明了纸媒这种形式本身并不是问题的关键。

报纸、广播、电视、新媒体各有各的不可替代的优势，可以互相竞争、彼此促进、共同发展。世界新闻业的历史表明，迄今为止，还没有一种旧媒介因新媒介的出现而退出历史舞台。比如综合了图像、声音和文字的电视出现时，很多人预言，以声音为唯一传播介质的广播必将消亡，结果如何大家都很清楚。

与其他媒介相比，报纸虽然时效性差，但也拥有诸多优势：历史最悠久，在全社会老年群体中形成了比较固定的阅读习惯；在"白纸黑字"的心理作用下，可信度最高；阅读界面友好，可以很方便地反复细细品味，不像手机阅读那样需要频频点击、上下移动页面；便于保存，可以很方便地查阅旧内容；与电子屏幕的直射光相比，报纸的反射光比较柔和，不易伤眼，特别是阅读时间一长，报纸的这个优势更明显；与面对电子屏幕相比，在翻看报纸的过程中往往能"眼手同步"，这种视觉和触觉的协调感能让读者更容易进入沉浸式专注状态，更有利于阅读效率的提高。特别需要指出的是，报纸主要以文字符号传播信息，其对受众最大的益处之一，是能够通过对篇幅较大、有一定深度和广度的文字的阅读，锻炼大脑的功能，从而训练和维持受众的思考能力、专注能力——这恰恰是注重图像、文字量一般不大、通常不适合做深度报道的新媒体所具有的劣势。在社会变化快、竞争激烈的今天，受众的思考能力、专注能力作为综合素质的重要组成部分，不论对其提高生活质量，还是促进事业发展，都具有重要意义。特别是在世风浮躁，新闻日趋娱乐化、追求短平快，越来越多的年轻受众乐意接触轻松有趣的新闻产品，不爱深入思考的大背景下，报纸维持全民族思考能力、创新水平的作用更加凸显出来。

正因为报纸依然拥有明显的比较优势，只要报业坚持以读者为中心，不断满足读者对美好生活的新需求，坚定信心，迎难而上，锐意改革创新，经历一番严冬的洗礼，必将迎来新的春天。

在报业发展的黄金时期，不少报纸热衷于扩版、增加发行量和扩大发行范围、办子报子刊，热衷于跑马圈地、上规模、加速度，但一些报纸的办报质量没有同步跟上，不少还逐渐走下坡路。新媒体崛起后，这样的增长模式已日益难以为继，也与读者渐行渐远。根据国家新闻出版署发布的年度新闻出版产业分析报告，2019 年至 2021 年这三年，全国出版的报纸品种数量分别为 1 851、1 810、1 752 种，品种数量虽然逐年下降（总印数、总印张也如此），但这三年报业利润总额分别为 38.2 亿元、50.43 亿元、69.8 亿元，分别同比增长 15.8%、32.02%、38.41%，增幅逐年加大。这说明，我国报业正从外延式粗放型增长向内涵式集约型发展转变，这应当也可以成为报业发展的方向。

外延式粗放型增长、内涵式集约型发展本是经济学名词。前者指经济增长主要追求数量、规模和速度，主要依靠资源大量消耗和低成本劳动力等要素投入，生产效率低；后者指经济发展主要追求质量和效益，主要依靠创新驱动，着力实现质的稳步提升和量的合理增长。报业从外延式粗放型增长向内涵式集约型发展转变，也就是贯彻新发展理念，坚持走高质量发展的道路，不再盲目追求办报规模、版面数量、发行量、营业收入等的增长。由国家新闻出版署2021年主办的第一届中国报业创新发展大会，即以"创新赋能高质量发展"为主题。

总的说来，报纸走高质量发展的道路，应守正创新，推进系统性变革，坚持"内容为王"的比较优势，走精品之路；坚持不断对版面进行改革创新，方便和吸引读者尤其是年轻读者阅读；坚持与新媒体深度融合，取彼之长、补己之短。

黄琳斌

2025 年 3 月

# 报纸采编新论

## 目 录

## Contents

第一章

# 推进报纸采编改革

　　媒体大体可分报纸、电视、广播、杂志、网络媒体、户外媒体等大众媒体，党政系统的政务微信、微博等政务媒体，以及私人、私企、社会组织等拥有的自媒体。拙著单独提到"媒体"时，如无特别说明，即指大众媒体。

　　中国记协于 2022 年 5 月 16 日发布的《中国新闻事业发展报告》指出，报纸根据内容可划分为综合、专业、生活服务、读者对象和文摘五类。拙著主要探讨综合类报纸，即刊载内容广泛、面向整个社会、以普通读者为目标对象、不偏重某一阶层或某一行业的报纸。行文时也适当兼顾其他类报纸。

　　报纸作为一种重要媒体、传统媒体，是我党十分重要的执政资源。它兼具政治资源、文化资源和经济资源这三个特点：在政治资源上，报纸能够把控舆论导向，特别是政治导向，直接为党的执政这一政治行为服务；在文化资源上，报纸刊发的新闻、理论、文艺等作品属于文化产品，可为读者提供丰富的精神食粮，传播和引领积极的主流文化；在经济资源上，报纸可以开展包括组织文化活动、广告业务在内的多种经营活动，获得经济效益，为服务党的执政提供经济基础。当然，报纸作为一种意识形态属性浓厚的执政资源，其特点是不掌握公共权力，不像国家机器等执政资源那样具备硬性的强制力量，而是主要通过没有强制力的舆论来发挥作用，属于"软"执政资源。所以，报纸特别强调培养"软实力"，即"四力"。

中国特色社会主义进入了新时代，我国社会主要矛盾已经转化为人民日益增长的美好生活需要和不平衡、不充分的发展之间的矛盾。社会主要矛盾的变化是关系全局的历史性变化，对党和国家工作提出了许多新要求，为报纸在新时代履行新的使命、发挥新的作用提供了新的机遇，同时也使报纸面临新的严峻考验。

为了适应新形势的发展，报纸必须不断加强自身建设：①在党的建设方面，充分发挥党员先锋模范带头作用和党支部战斗堡垒作用，以高水平党建引领报纸，始终沿着正确方向高质量发展；②在人才建设方面，努力打造一支政治坚定、业务精湛、作风优良、品格高尚的采编、经营和管理队伍；③在制度建设方面，努力建构一套设置科学并符合本报特点，能充分激发员工创新创造积极性，能保障并不断提升工作质量，运转有力灵活的采编、经营和管理制度；④在文化建设方面，努力打造一心为民、风清气正、乐于奉献、团结协作、勇于创新、争创精品的机关文化；⑤在品牌建设方面，精心培育一批高质量、有影响力、有标志性、体现本报核心竞争力的栏目、版面、工作室等；⑥在媒体融合建设方面，努力打造全程媒体、全息媒体、全员媒体和全效媒体，推进媒体真正融合、深度融合，形成全媒体传播体系。通过自身建设，让报纸进一步做好党的政策主张的传播者、时代风云的记录者、社会进步的推动者、公平正义的守望者。

# 第一节　真正以人民为中心办报

## 一、确保报纸始终为人民服务

作为马克思主义政党，中国共产党的初心使命就是全心全意为人民谋幸福、为中华民族谋复兴，党执政就是坚持为人民执政、靠人民执政，坚持发展为了人民，发展依靠人民，发展成果由人民共享。要想办好报纸，必须真正树立以人民为中心的办报理念，这也是马克思主义新闻观的基本要求。党中央的机关报名为《人民日报》，旗帜鲜明地体现了这一基本要求。

有什么样的办报理念，就有什么样的报纸。因此，相关人员要真正树立以人民为中心的办报理念，解决好"为了谁、依靠谁、我是谁"这个根本问题。报纸应当坚持以人民为中心，始终为最广大的人民服务，为公共利益服务，而不是为少数人服务，不能成为少数人谋求个人私利或小集团利益的私器。要从制度建设入手，防止相关人员表面说一套、实际做一套。例如，个别地方或部门的领导为了宣扬个人政绩，企图让报纸相关人员用新闻报道的形式，为其做形象宣传。为了杜绝这种现象，报社应当建章立制，严格区分新闻和广告，将没有实际新闻价值的"软文"作为广告处理，避免这类"新闻式广告"混入新闻报道区域。

## 二、把人民是否满意作为衡量办报质量的根本标准

党的性质和宗旨都决定了，要把人民满意不满意、高兴不高兴、答应不答应、赞成不赞成作为衡量一切工作得失的根本标准。同样地，衡量一份报纸办得好不好，也应当坚持这个根本标准。这也是以人民为中心的办报理念的内在要求。

但是有的地方报纸却是以少数人是否满意作为衡量办报质量的根本标准。例如，某日报社 2020 年 6 月发布了关于市委巡察整改情况的通报，其关于"精品创作存在短板"问题的整改情况称：要组建领导小组，实施精品创优工程，进一步树立新闻精品导向，坚持"内容为王"，以"领导满意、业界认可、群众欢迎"为总要求，制订《××日报社实施"新闻精品创优工程"行动方案》。这是一个典型的案例。在这家报社看来，办报要把"领导满意"放在首位，"群众欢迎"或者"群众满意"摆在第三位。当然，出现这个现象，是有着复杂的现实因素的。

我们可以看到，凡是人民不满意、不欢迎的报纸，即便少数人满意，其可读性通常也比较差，办报质量不高，"四力"也相当低。如果不是靠红头文件支撑发行量，只怕早被市场淘汰了。只有坚持人民性，新闻舆论工作才能获得活力源泉和动力根基。只有人民满意、人民欢迎的报纸，才可能充分发挥"四力"，更好地为人民服务，为加强党的治国理政能力建设服务。

从本质上说，报纸同时让领导满意和让人民满意是可以实现，也应当实现的最终目标，因为这二者的根本利益是一致的，没有不可协调的根本矛盾。如何尽早、更好地实现这一目标？这不单是一个办报技巧的问题，还是一个严肃的政治问题，更是一个亟待各级党委、政府、报社和业界深入探讨、积极实践、不断创新的重大课题。

从理论上讲，党的各级领导干部都应当忠实代表人民的根本利益，都应当全心全意为人民服务，若是个别领导干部把私利放在首位，那就与人民的根本利益发生了冲突，这是问题的关键所在。因此，只要各级领导干部都能够坚守初心，真正树立"人民至上"的执政理念，切实转变观念，这个问题就一定能得以解决。

## 三、坚持正确的舆论导向

舆论导向正确是党和人民之福，舆论导向错误是党和人民之祸。舆论导向关系到百姓的重大切身利益，真正以人民为中心办报，就要坚定维护人民的根本利益，坚持正确的舆论导向。

那么，什么样的舆论导向才是正确的呢？这个关键问题需要厘清。2016年2月19日，习近平总书记在党的新闻舆论工作座谈会上的讲话指出："要坚持以正确舆论引导人，做到所有工作都有利于坚持中国共产党领导和我国社会主义制度，有利于推动改革发展，有利于增进全国各族人民团结，有利于维护社会和谐稳定。讲导向，这是最重要、最根本的导向。"[1] 可见，媒体坚持正确的舆论导向，必须至少做到上述四个"有利于"。当然，如果再说得具体一点，还包括应当有利于中国特色社会主义文化的繁荣兴盛、有利于生态文明建设等。

应当注意的是，习近平总书记要求的四个"有利于"，只是一个总的原则和大的方向，落实到新闻舆论工作的实践中，具体该如何操作？标准、分寸等并不容易把握。拿贯彻"有利于维护社会和谐稳定"这一条来说，有的地方领导、相关部门领导会错误地认为，负面新闻、舆论监督不利于维护社会和谐稳定，是"负能量"，于是常常反对新闻媒体开展相关报道。这就容易导致这样的情况：只有地方领导、相关部门领导认为是正确的才是正确的舆论导向；反之，就是错误的。

---

[1]　习近平：《论党的宣传思想工作》，北京：中央文献出版社2020年版，第185页。

坚持正确的舆论导向还要避免另一个比较典型的误区，就是认为只要是正面报道，就是"正能量"，舆论导向就是正确的。比如，一些报纸的宣传报道，或以偏概全，夸大工作成绩；或对地方领导阿谀奉承，引起读者反感；或过度赞扬某先进人物为了工作长期不顾家人，让读者感到该人物缺乏人情味、亲和力，难以向其学习；等等，这些都属于正面宣传报道中的"低级红"现象，产生了不好的社会效应，一定程度上损害了党和政府的形象和公信力。举个例子，有的城市的当地报纸宣传本地政府高度重视保障房建设，能充分满足新市民等群体的需求，事实上这些城市只是建设了少量的保障房，远远不能满足新市民、毕业大学生、引进人才等群体的实际需要。这样的内容虽为正面的宣传报道，却引起市民的不满。这类"正能量报道"掩盖问题和矛盾，制造莺歌燕舞、歌舞升平的假象，导致当地政府没有及时采取措施，解决实际存在的问题，损害了百姓的合法权益，造成短期的或长远的不良后果和影响，它们虽然传播的都是正面的内容，但舆论导向也是不正确的。

实践是检验真理的唯一标准。新闻宣传作品、专栏、版面的舆论导向是否正确，最终要看它们产生的实际效果，是否经得起时间、历史和人民的检验；是否真正做到习近平总书记提出的四个"有利于"，而不是以少数人的主观判断为标准；是否符合党的利益、最广大人民群众的根本利益，而不是以少数人的私利、小集团利益为标准。

2022 年 1 月 22 日，包括《人民日报》在内的全国多家报纸刊发了《河南郑州"7·20"特大暴雨灾害调查报告公布》《国务院调查组相关负责人就河南郑州"7·20"特大暴雨灾害调查工作答记者问》《河南省委原常委、郑州市委书记徐立毅因河南郑州"7·20"特大暴雨灾害被问责》《河南严肃查处郑州"7·20"特大暴雨灾害相关责任人》等系列新闻报道。2021 年 7 月发生的这次特大暴雨灾害，共造成河南全省直接经济损失 1 200.6 亿元，其中郑州 409 亿元；全省因灾死亡失踪 398 人，其中郑州 380 人，令举国震惊。这是在国家层面第一次组织这样的全域性自然灾害调查，查明了郑州市和有关区县（市）党委、政府、部门单位防范组织不力、应急处置不当等六个方面问题，查明了社会广泛关注的重点事件和因灾死亡失踪人数迟报瞒报问题，研究提出了六个方面的主要教训和六项改进措施建议。调查报告和系列新闻报道公布的种种违法违规行为令人触目惊心，比如导致 14 人死亡的郑州地铁 5 号线，从规划设计、施工、监理、工程质量监督检查到运营环节，全线失守。调查报告和系列新闻报道，可谓振聋发聩，对各级党委和政府从这次事件中吸取多方面的经验教训，加快我国应急管理体制改革，提高各地应急管理的能力和水平，完善城市规划和建设理念，加强全社会防灾避险意识和能力，最大限度防止类似悲剧的再度发生等，都将起到积极的促进作用。

各级报纸刊发的上述一系列以"揭丑"为主的新闻作品，充分体现了党和政府的胸怀、自信、责任心和担当精神，获得中外舆论的高度赞赏，这就是满满的正能量，充分体现了正确的舆论导向、以人民为中心的工作导向。

# 第二节　努力提高报纸可读性

## 一、可读性是报纸提高"四力"的关键

报纸的可读性是一个综合性的概念，指报纸刊发的作品吸引目标读者的程度。对新闻、宣传作品来说，一方面看内容是否有较大的新闻价值，是否容易激发目标读者的兴趣、共鸣；另一方面看语言表达是否简洁、清晰、生动，易于理解。对评论作品来说，主要看观点论述是否正确、有新意、有深度、言之成理，语言是否明白晓畅。可以说，新闻、宣传和评论作品的可读性，包括时效性、针对性、贴近性、亲和力、感染力等各种能激发读者阅读欲、思考欲和产生共鸣的要素。

报纸要想在党治国理政中发挥积极作用，在坚持正确舆论导向的前提下，关键在于能吸引广大目标读者，宣传、报道、评论的内容能入眼入脑入心。读者普遍不爱看，其他一切就无从谈起，报纸的宣传、报道、评论等也就难以发挥应有的作用。可以说，强化可读性是报纸提高"四力"的关键，应当引起党委、政府和报界的高度重视。

近年来，一些报纸只讲传播正能量，只讲坚持正确的舆论导向，不讲可读性，不管正能量传播实效，导致部分报纸缺乏亲和力，脱离广大读者，可读性总体上呈不断下降的趋势。"新闻性偏少、可读性很差"，这是当前

不少读者对部分报纸的评价。有的报纸一天十多个版面，读者常常从头到尾花不到一分钟就可以翻完，极少有稿子值得多看两眼；有的基层订阅的报纸基本没被人读过，过了时效就直接被当作废品卖掉。这是不容回避的严峻现实，相关报纸工作者应当予以重视，千万不要再自欺欺人，当埋头沙中的鸵鸟。

## 二、部分报纸可读性不断下降的主要原因

### （一）部分报纸新闻职能不断弱化

报纸是我党重要的宣传工具，具有重要的宣传职能；同时，报纸作为新闻媒体，又具有重要的新闻职能。两个职能并不是水火不容的，而是并行不悖、互相促进，有机统一于党的新闻事业中的。同时，宣传和新闻有时也是水乳交融，难以严格区分的。

报纸当然要理直气壮地做好宣传，不断提高宣传质量和宣传水平，但这并不等于非要弱化新闻职能才行。近年来，部分报纸出现新闻宣传化的现象，宣传的内容越来越多，占用的版面篇幅越来越大；新闻职能却不断弱化，新闻内容越来越少。有的报纸基本不刊发读者喜欢的有较强新闻性的时事评论，只刊发配合宣传形势的评论，并且往往老生常谈、形式老套、索然无味。

当然宣传有时可以以新闻的面目出现，也可以做得比较有可读性；然而，总体来说，宣传毕竟与新闻有较大区别。例如，新闻旨在传播事实信息，天生就有一定的故事性、可读性；而宣传由于旨在传播某种观念，故事性、可读性、感染力有时先天不足。此外，对广大读者来说，读报纸主要是为了了解信息、休闲娱乐、增长知识、开阔思路，普遍愿意主动接触、接受能让他们感兴趣的新闻，而不愿意接受旨在对其灌输某种观念的宣传。因此，一份报纸为了维持一定的可读性，还是要确保新闻占据一定量的篇幅。

### （二）部分宣传不讲宣传规律，内容假大空，方式方法陈旧单一

新闻报道有新闻规律，宣传有宣传规律，不以人的客观意志为转移。如果违背宣传规律做正面宣传，就不会收到良好的宣传效果，甚至会产生负面效应。

其一，有的报纸不顾自身地位、定位，将政治正确的要求庸俗化。

报纸当然要努力在新闻、宣传工作中坚决拥护"两个确立"、增强"四个意识"、坚定"四个自信"、做到"两个维护"。然而，若是为了向上级"表忠心"以谋求私利等原因，将政治正确的要求庸俗化，既浪费宝贵的版面资源，对维护领导人的权威、正面形象，对坚持正确的舆论导向也没有加分作用，反而容易引发读者逆反心理，不利于实现预定的宣传效果，在实践中是有害无益的。

例如，近年来，部分地方性报纸对涉及领导人的稿件，不是根据自身地位、定位和目标读者群的情况，作必要的删节、修改，而是不加选择地全部按照通稿照登，连标题也不作任何改动。报纸不全文照登领导人的活动稿件，绝不等于说对党、对中央缺乏足够的忠诚，绝不等于说没有做到足够的政治正确；反过来也一样。因为这只是表面现象，说明不了实质性问题。这方面的前车之鉴，如 2019 年因贪腐等问题落马的陕西省委原书记赵正永，在位时多次讲话、写文章表示坚决拥护以习近平同志为核心的党中央，但在"秦岭违建别墅拆除"事件中，习近平总书记先后批示多次才解决问题。中央纪委指出，赵正永对党不忠诚不敬畏，毫无"四个意识"，拒不落实"两个维护"的政治责任，阳奉阴违，是典型的"两面人""两面派"。① 2019 年 1 月发布的《中共中央关于加强党的政治建设的意见》明确要求："不得搞任何形式的'低级红'、'高级黑'，决不允许对党中央阳奉阴违做两面人、搞两面派、搞'伪忠诚'。"② 可见，包括新闻、宣传领域在内的各种"低级红""高级黑"问题已较为严重，引起了中央的高度重视。

再如，中央召开重要会议，中央领导人发表重要讲话，过去通常只是《人民日报》《光明日报》《经济日报》中央三大党报发表社论、评论员文章，供广大干部群众学习相关精神；不论从数量和质量上说，相关文章完全可以满足学习的需要。然而，近年来，有的地方也要求当地报纸刊发评论员文章，这样做是否得体、是否必要？值得商榷。因为地方报纸不具备中央级党报的地位、实力和影响力，不承担事实上也无力承担中央级党报承担的功能。硬要地方报纸去履行中央级党报才适合履行、才有能力履行

---

① 《全国人大原内务司法委员会副主任委员、陕西省委原书记赵正永严重违纪违法被开除党籍》，《光明日报》，2020 年 1 月 5 日第 2 版。

② 中共中央党史和文献研究院：《十九大以来重要文献选编》（上），北京：中央文献出版社 2019 年版，第 798 页。

的职责，从某种意义上说是不得体，甚至是越俎代庖的。

2022年9月5日，浙江省委宣传部微信公众号"浙江宣传"发表文章《"低级红""高级黑"的六种形式》，因为说了很多人的心里话，一时红遍大江南北。这篇文章指出，所谓"低级红"，是指有意无意把党的政策简单化、庸俗化，用看似夸张甚至极端的态度来表达"政治正确"。"低级红"如果得不到纠正，就会被人炒作利用，发展为"高级黑"。当然，无论是"低级红"还是"高级黑"，都会损害党的事业、影响党的形象。"低级红""高级黑"在重大事件、敏感节点时经常冒头，混淆视听、误导公众，又因其具有一定的欺骗性、迷惑性，值得高度警惕。综合近年来的新闻报道，"低级红"一般有三种形式：一是夸大其词、无脑吹捧的"浮夸风"；二是用力过猛、任意拔高的"脸谱化"；三是自我美化、弄巧成拙的"唱高调"。当突发事件发生后，若报纸大讲各级领导如何"高度重视""作出批示""紧急部署"等，而真正说到事件本身却是只言片语，这看似"讲政治"，实则忘记"民心才是最大的政治"。只要坚持为民初心、实事求是，坚持真实平实朴实，坚持有理有据、合情合理，就能杜绝各类"低级红""高级黑"。

因此，有关方面和报纸只有本着表里如一、实事求是的态度，努力提高宣传实效，才能切实维护和树立领导同志在人民心中的良好形象，这才是真正的政治忠诚和政治正确。

其二，中央多次强调反对形式主义，各级报纸也经常宣传这一点，但是有的报纸的宣传出现了形式主义。

报纸宣传的形式主义是个老问题。典型的如，有的报纸为配合新形势，给地方早已在做的工作戴上"新帽子"，再报道一遍；报道地方领导活动时程式化地采用一些套话；过去报道地方领导活动引起的反响时，组织一些工作人员或群众说几句、综合一条大稿即可，现在为了体现"系列反响"，会推出系列报道，形式主义较为严重。

某省于2021年5月的一天召开全省脱贫攻坚总结表彰大会后，当地某报随后刊发长篇通讯，报道大会"引发强烈反响"。读者明显能看出，这是一则人为制造出来的宣传作品，而不是新闻作品，并且从某种程度上涉嫌造假。因为根据新闻从业者和普通干部群众的日常经验，这样的大会并不会"引发强烈反响"。这样的宣传作品，不但效果不好，还会令读者反感，进而损害报纸的形象。

从表面上看，一些地方很重视宣传，当有关部门把宣传任务布置给报社后，报纸把相关内容刊登出来，认为就算交了差、完成任务了。至于广大干部群众爱不爱看，有没有收到预期的宣传效果，没有多少人真正去关心、去评估、去总结、去改进。毋庸讳言，虽然一些宣传内容篇幅很大，图文并茂，但实际上徒具形式，就像投放的无效广告，既没有新闻价值，也没有宣传价值。

只讲传播正能量，明知正能量不能有效传播出去，也装作不知道，不思改革创新，不断做低水平和无效的重复，浪费大量的人力物力财力，这其实是不作为、乱作为，是对新闻宣传事业的不负责任，也是不尊重读者的表现。

### （三）部分报纸不遵循新闻规律办报，新闻报道和新闻评论水准下降

"政治家办报"强调的是导向，绝不等于不需要按新闻规律办报。报纸作为新闻媒体，应当遵循新闻规律，及时、准确、全面地向读者传播他们未知、欲知和应知的东西，有效满足读者的新闻信息需求。如今不少报纸的可读性下降，其中一大问题就是相关人员常常不按新闻规律办报，报道和评论的不少内容让读者缺乏阅读兴趣。一个突出的现象是，部分报纸新闻报道和新闻评论日趋保守，新闻、评论宣传化的现象日趋严重，越来越不受读者欢迎。

有的报纸基本只做绝对正面的报道，对突发事件基本不报道或不及时报道。即使报道也只按相关部门发布的通稿，重点写各级领导如何重视，对社会关注的重点问题如事件的原因等，往往避而不提，或不作实质性回应。舆论监督报道或批评性评论更是罕见。就连揭示经济社会中存在的带有普遍性的问题、唤起全社会关注、为政府解决相关问题提供思路的问题性报道，也越来越少见。

还有部分新闻报道，虽然总体上算是新闻，但新闻味很淡，新闻价值很低。有的新闻报道题材不错，但在不少报纸长期求稳、"宁可不出彩，确保不出事"的氛围下，不敢触及深处和实质，写法陈旧，跟不上时代步伐，总体上创新不足。

有的报纸的新闻评论也只刊发绝对正确但人人都想得到的平淡无奇的观点，不敢有所创见。有的报纸对稍有一点敏感的热点题材就坚决不碰，只敢用绝对安全但很难引起读者兴趣的题材，读者一看题目就知道是老生常谈，提不起阅读兴趣。

全面深刻的深度报道、公正有力的舆论监督、见解独到又言之有理的新闻评论等，本来都是特别受读者欢迎、属于报纸核心竞争力的几大块内容。这些内容的缺失，自然会导致读者流失。

### （四）有意识地弱化纸媒、强化新媒体

近年来报纸可读性总体上呈现不同程度的下降趋势，与部分报社认为纸媒的读者已越来越少、新媒体的受众越来越多，从而有意识地从人、财、物各方面弱化纸媒、强化新媒体直接相关。具体阐述见本章第三节。

## 三、努力提高报纸的可读性

随着读者综合素质特别是媒介素养的提高，信息来源渠道的多样化，民主法治的进步，报纸不论是进行宣传还是开展新闻报道，都要在发扬优良传统的基础上，对内容、方式等各方面进行与时俱进的革新，在坚持正确舆论导向的前提下，贴近目标读者的喜好和需求，按宣传规律、新闻传播规律办报，努力提高可读性。

首先，要改进和创新正面宣传（具体内容详见第二章）。其次，回归新闻报道和评论的优良传统。一方面，加强新闻报道和评论形式的创新，使之更符合读者的需求；另一方面，在内容上要回归优良传统。从很大程度上来说，在内容方面回归优良传统，比改革创新更重要。例如，加强舆论监督和问题性报道，增强评论观点的新意、拓展题材的广度。这是因为，当前影响报纸可读性的主要因素在内容问题，而内容问题又主要表现在读者喜爱的、传统的、重要的报道和评论题材严重缺失，如舆论监督。

当然，除了做好深度报道、舆论监督报道、突发事件报道等，报纸做好常规性报道、不断提高常规性报道的质量和水平，也是提高可读性的一个重要环节。因为深度报道、舆论监督报道、突发事件报道等虽然格外引人注目，但毕竟不可能成为多数报纸报道的常态化内容，读者平时接触最多的还是常规性报道。报纸如果能把这类报道用心做好，尽量满足读者的需求，日积月累，也能在相当程度上提高报纸的可读性，增强读者对报纸的黏性和忠诚度。此外，报纸平时做好了常规性报道，养成了良好的习惯，也能为做好深度报道、舆论监督报道、突发事件报道等打下坚实的基础。

以我国东部地区 11 个省份的省报对 2024 年 6 月 28 日嫦娥六号任务月球样品交接仪式的报道为例。就此事而言，普通读者关心的信息主要有两

项：人类首份月背样品的重量是多少？性状有什么特点？那么，关于该新闻的合格报道，是应当把这两项信息中至少第一项及时告诉读者。针对这次仪式，新华社播发了一条消息《嫦娥六号任务月球样品交接仪式在京举行》，报道中共中央政治局委员、国务院副总理张国清的讲话，未提样品的重量和性状；播发了一则通讯《人类首份月背样品，1 935.3 克！》，报道了样品的重量、性状；播发了 10 多张交接现场的照片（未出现月壤），照片文字说明指出了样品重量。从新闻价值和可读性来讲，通讯最佳，照片其次。

据笔者统计，在 11 家省报中，《北京日报》采用本报记者自采稿，《天津日报》《大众日报》《福建日报》《海南日报》采用新华社通讯，均报道了这两项社会关注度最高的关键信息；《河北日报》采用新华社照片，报道了样品重量。在其余 5 家省报中，有 4 家省报未报道这则新闻；有 1 家省报采用新华社消息，但未报道这两则关键信息。

嫦娥六号任务是我国航天史上迄今为止技术水平最高的月球探测任务，举世瞩目。此次月球样品由国家航天局移交给中国科学院，标志着嫦娥六号任务从工程实施阶段正式转入科学研究新阶段。对这样一条有较高新闻价值和宣传价值、公众普遍关心、可读性强、报纸也不难处理好的常规性新闻，这 11 家省报有近一半没有做好相关报道；特别是超过三分之一的省报漏报新闻，更遑论标题制作、内容加工、版面编排等细节处理。个别省报采用消息、不用通讯可能自有其考虑，但可以在消息的导语或最后一段补上"人类首份月背样品 1 935.3 克"这个关键信息，将电头改为"综合新华社电"，或另做一个电头"据新华社电"报道这个关键信息，这样就可起到两全其美的作用。还有，有的省报如果出于各种原因没法详细报道这个新闻，也至少可以发个简讯。

鉴于该地区是我国经济社会发展水平最高、文化科教事业最发达的区域，这个案例很值得有关各方深思。一些报纸可读性下降，背后虽有各种因素影响，但报纸也不妨多从自身找找原因，在这方面大有潜力可挖。

## 四、《人民日报》2019 年"减量提质"改版案例

人民日报社副总编辑崔士鑫对该报 2019 年的改版，有全面和深入的阐述，可作为报纸努力提高可读性、提升"四力"的典型案例。以下是他阐述的要点：

版面是报纸展示和传播各类内容的主要载体和平台，是报纸内容的整体表现形式，是读者接触到的第一对象。从功能作用上讲，版面是帮助和吸引读者阅读的重要手段，是影响读者和引导舆论的重要方式，是形成报纸个性与风格的重要组成部分。表面上看，版面只是一种形式、一个简单的"门面"，实际上反映的是报纸的整体水平。版面与报纸内容密不可分，更与内容所反映的社会现实紧密相连。一张有权威性和公信力、对读者负责任的报纸，其版面数量的增减、编排布局的变化、技术含量的提升，都将反映出不同时代的社会现实、传播特点与读者需求。

改革开放以来，《人民日报》历经 1995 年、2003 年、2009 年、2010 年 4 次改版，版面从 8 版扩至 24 版。2019 年再次改版。一是版面数量下调：工作日由 24 版调整为 20 版，周末从 12 版调整为 8 版。二是版面质量提升，全部版面彩色印刷。

这次改版的实质，是着手实施报纸在新媒体时代的精品化战略——精编精印、减量提质；是一次党报加强新闻生产的"供给侧改革"。改版后的《人民日报》有几个新特点：

一是报纸布局"板块化"。在整体布局上，形成了结构紧凑、配置合理、各具特色又协调联动的三大板块：首先是要闻新闻板块。要闻版突出重大、权威；新闻版突出热点、深度。其次是评论理论板块。评论版突出观点、敏锐；理论版突出精深、辨析。最后是周刊副刊板块。总体上突出特色、独家，其中周刊突出专业性、副刊突出丰富性。

二是新闻版面"周刊化"。一方面明确了新闻版"热点、深度"的定位，另一方面周刊减少，专业部记者可以腾出更多精力为新闻版供稿，再辅之以责任明确的采编联动机制，使新闻版策划更为有力，稿件更有保证，深度报道的版面实际上大大增加。

三是重大报道"提要化"。精品化战略的重要方面，体现在对重大时政报道的创新。主要方式是在原有规范基础上，通过增加内容提要、创新版式设计等方式，突出重要观点、核心信息、最新表达，丰富版面呈现、提升阅读体验。

四是各版头条"新闻化"。首先是头版头条自主选题的报道质量明显提升。主要改革方向是减少"工作味"、体现"新闻性"：减少以往地方和部门一般性工作报道，向重大新闻、重大政策、重大问题等聚焦。其次是其他各版也主攻头条，着重点也在于强化新闻导向、实践导向、效果导向。

五是评论理论"问题化"。改版后评论版强调提高政治站位，加强选题策划，关注热点问题，回应社会关切，创新话语表达，提高观点生产力和传播力。同时，理论版也加强了对重大理论和实践问题的研究阐释，提升议题设置、理论辨析和话语创新能力。另外，作为《人民日报》舆论监督的老品牌"读者来信"版，改版前版次相当靠后，这次改版后，"读者来信"版直接进入要闻版集群。党报强化舆论监督，无疑也是做精做深的一个重要方面。

六是内容呈现"可视化"。由于全部实行彩版印刷，《人民日报》这次改版声势最大、变化最明显的，当属图片报道的改进，以及与此相关的版面视觉美化。一张好图胜过千言万语，色彩丰富、图文并茂的《人民日报》，增加了对新媒体时代的读者特别是年青一代的吸引力。同时，《人民日报》更加重视二维码、虚拟现实等新技术与报纸版面的深度融合，一些版面比如国际版提供的扫码就可以看短视频等新的读报方式，带给读者新的阅读体验。

要在一个对新闻信息产品而言已成"买方市场"的媒体生态格局中，通过不断努力满足读者需求，抢占受众更多关注，在信息冗余的传播环境下，赢得最大数量的用户。因此，报纸版面改革，核心在回归受众本位。

报纸定位精品化，要有高度。读报首先要有一定文化水平，所以报纸读者本来就相对"高端"，他们希望获取的内容"有意思，更要有意义"，特别是在真假难辨、鸡汤盛行的信息环境中，这部分读者对优质新闻信息的需求并未得到真正满足，信息饱和但并未起到协调环境、提升自我等作用。要为这些有需求、有影响力的受众，解读国内国际的大事大势和与每个人都利益相关的大政方针，引导和启发受众冷静思考、理性判断、正确行动。这是最有价值的新闻信息服务。

报道内容精品化，追求深度。在对新闻信息的深度解析与真相挖掘、思想性与知识性，以及提供深度观点和深厚背景等方面，作为专业机构的纸媒，相对于内容生产碎片化的网络社交媒体，至少在一定历史时期内，仍然具有较大的专业优势。所以报纸不能与网络媒体拼短板，而是要针对浅阅读时代许多受众希望满足深阅读的需求，为受众提供独到的见解、专业的分析、独家的调查。

版面呈现精品化，展示靓度。报纸版面的魅力，就在于可以通过版式设计、图片与标题等的运用，形成美国心理学家斯金纳所谓的"视觉冲击中心"，吸引受众的眼球，让受众更容易发现需要引起注意的内容，阅读时有欣赏艺术品一般的轻松感和愉悦感。

改版不只是形式的变化，必然涉及办报理念的变革，倒逼报业内部体制机制改革的深化，最终目的是在新媒体时代通过生产精品化的新闻信息内容，吸引更多受众，实现高质量发展。①

# 第三节　报纸建设和媒体融合建设并重

中国互联网络信息中心 2024 年 8 月发布的第 54 次《中国互联网络发展状况统计报告》指出，截至 2024 年 6 月，我国网民规模近 11 亿人，互联网普及率达 78%。推动媒体融合发展是大势所趋，是报纸提高"四力"的重要举措；与此同时，报纸本报建设也不能稍有放松。拙著以为，部分报纸"四力"下降，关键问题不在于媒体融合发展的步伐不够快，融合得不够好，而是宣传、报道、评论等不少内容不受读者欢迎，不可舍本逐末。

## 一、当前报纸媒体融合建设存在的问题

### （一）过高估计了受众对新媒体的需求，过于看重新媒体

新媒体的受众越来越多、影响力越来越大，这是事实，但我们对新媒体宜有一个理性、实事求是的判断，既不能低估也不能高估，否则可能误入歧途。

当前媒体融合存在的一大问题，就是部分媒体包括报纸，以及相关部门，过高估计了新媒体的实际影响力、受众对新媒体的需求，简单地把青年人对新媒体的较为活跃的需求，当作绝大多数受众对新媒体的需求，以为现在的绝大多数受众都最认可新媒体，很少再接触传统媒体。这种认识恐怕不一定符合实际。这就好比网上舆论很多时候并不一定代表主流，因为在一些地方、领域，经常上网发声的其实只是相对固定的少数人，他们

---

① 崔士鑫：《人民日报 2019 年新一轮改版的解析与思考》，《中国记者》2019 年第 2 期。

多为文化程度不高、闲暇时间较多、常常愤世嫉俗、敢想敢说的青年人；多数文化层次较高、有一定经济实力、作为社会中坚力量的中产阶层，他们可能经常上网"冲浪"，但主要是看看相关资讯而已，并不经常在网上发声。

部分青年人不爱接触报纸、广播、电视这类传统媒体，不等于其余的青少年、中年、老年群体也不爱接触，传统媒体恰恰是不少中年人、老年人最信任、最喜爱、最常接触的媒体之一；事实上，日常生活中仍有不少青年人接触报纸、广播、电视等传统媒体。根据中国记协在其官网发布的《中国新闻事业发展报告（2022 年版）》，2020 年，全国有 18 家报纸平均期印数达到或超过 100 万份，其中不乏《参考消息》《都市快报》《环球时报》《半岛都市报》《钱江晚报》等以自费订阅为主的市场化媒体；新闻类节目全面覆盖 86.02% 的电视收视用户，在所有类型节目中最高，每天户均观看 46.2 分钟。再如，改革开放以来我国汽车保有量逐年上升，公安部统计数据显示，截至 2024 年上半年，全国汽车保有量 3.45 亿辆，驾驶人 4.96 亿人。这造就了一支规模庞大且人数与日俱增的广播受众。可以说，推动媒体融合发展，绝不能忽视庞大的中青年、中年、老年受众和部分青年受众。

对新媒体的市场占有率和实际影响力估计过高，就会导致包括报纸在内的相关媒体做出错误的发展决策。比如有的传统门户网站的新闻栏目，过去以文字为主，现在改为大量使用视频。实际上，对不少受众来说，他们的时间精力相当有限，看了新闻标题后，更愿意先点开传统的文字稿，快速浏览一下，看看有没有细读的价值；而如果点开作为新媒体的视频看，由于视频传播信息的速度通常比文字传播同类信息的速度慢，不能让人"一目十行"，受众要花更多时间浏览，更容易让其不耐烦而放弃，特别是手机或电脑运行并不顺畅的时候。

事实上，不少常规性的新闻报道、评论，只需通过电视、报纸、传统门户网站等传统的单一的传播形式，就可以收到较好的效果。新媒体永远只是一种形式，必须根据宣传、报道内容的实际需要来加以应用，不应赶时髦，搞形式主义。比如，是否有必要在融媒体报道中设置互动游戏内容，受众有没有时间、精力、心思来玩游戏，就很值得思考。拙著认为，一般而言，新闻性越强、内容越扎实、综合水平越高的报道和评论，对媒体融合的依赖度越低，反之亦然。有的报道只需要用两种媒介进行融合传播的，就不必用三种，遵循"最少够用"原则，这样可以节约大量制作成本，实际上也并不影响传播实效。

同时，部分新闻报道、评论也不一定适合采用新媒体，用传统媒体可能效果更好，特别是对于深度报道、重型评论，报纸、杂志是最佳载体。新媒体并不是万能的，不可迷信、过于倚赖。实践表明，在发生重大事件时，通过传统媒体发布的报道和评论，其公信力、影响力总体上依然强于通过新媒体发布的同类新闻产品。

2022 年 5 月 30 日，中共浙江省委宣传部主办的微信公众号"浙江宣传"正式上线，短短半年声誉鹊起，赢得一片叫好，成功入选"2022 中国应用新闻传播十大创新案例"。编辑部总编辑李攀介绍，公众号 70% 以上的文章阅读量超过 10 万，不少文章在舆论场上激起阵阵涟漪，其中一些爆款成功出圈，受到广泛关注。比如，《"人民至上"不是"防疫至上"》一文在公众号的阅读量就达到 2000 万，全网阅读量超过 12.5 亿人次。然而，"'浙江宣传'上线以来，很少使用图片和视频，这并不是因为我们觉得图片和视频没有传播力和影响力，而是因为我们想深耕文字，练好文字这一门手艺，通过打磨好一篇篇稿件来获取传播力和影响力，做到有思想、有温度、有品质。我们相信，不论技术如何迭代，文字依然有承载思想、击中人心的力量，文字写作不会过时，好学善文理应是媒体工作者必备的素质"[①]。"浙江宣传"既重视运用新媒体的形式，又坚守以文字内容取胜这一传统媒体的强项，是真正做好媒体融合的成功典范。

### （二）一些报纸的媒体融合建设重形式轻内容，形式大于内容

不论是传统媒体还是新媒体，"内容为王"永远都是真理，因为受众无论接触何种媒体，他们最感兴趣的始终是内容而不是形式。新媒体只是传播形式新，并不代表传播的内容新、有吸引力。不论是文字、图片、视频、音频等各种媒介形式的融合创新，还是动画、无人机航拍、信息与数据可视化、虚拟现实（VR）、增强现实（AR）、混合现实（MR）等技术的叠加与融合，抑或是生成式人工智能在采编中的应用如虚拟主播等，都不过是躯壳，都必须为内容服务；不能很好地为内容服务，就是徒有其表的花架子。

例如，目前不少报纸的融媒体采编系统中，大都利用大数据技术抓取当天、近期的新闻热点，形成排行榜，提供给编委会和各采编部门，作为

---

① 李攀：《做强主流舆论应走出四个误区》，《中国记者》2023 年第 3 期。

当天、近期采编工作的重要参考。这本来是提升采编质量、贴近读者真实需求的重要技术手段，然而，问题在于，对公众普遍关注的大多数热点，一些报社怕惹火烧身不敢涉足，导致在很多时候，这种大数据技术中看不中用，不能发挥实际作用。

在新媒体发展的初期，由于业界对相关新技术普遍不够熟悉，还不能熟练地运用新技术进一步提升宣传或新闻内容的质量，这是必然要经历的一个阶段，不应苛责。然而，如今新媒体技术已相当成熟，业界积累的经验已相当丰富，这时就应当把主要精力花在如何将技术和内容较好地结合起来。当前需要警惕部分报社在媒体融合建设中出现的这种倾向：不把主要时间精力花在做好内容上，而是花在表现形式上，图热闹、博眼球。笔者以为，部分报社发展新媒体，主要以形式的华丽来弥补内容的空虚，并且内容越不受欢迎，越注重在形式上玩花样。

中国新闻奖是观察新闻界媒体融合发展水平和趋势的重要窗口。我们通过观察 2018 年至 2020 年中国新闻奖"媒体融合"奖项的情况，可以窥见媒体融合发展情况之一斑。因为参评作品本来就是中央、各地媒体优选的结果；获奖作品更是优中选优，具有较强的代表性。以第三十届中国新闻奖为例，获奖的 47 件媒体融合作品中，由党报（报业集团）生产的就有 19 件，占比达 40.43%。

2018 年，第二十八届中国新闻奖首次设立"媒体融合"奖项。中国记协新媒体专业委员会副主任委员、中国传媒大学新闻传播学部电视学院党委书记曾祥敏教授，在肯定新闻界媒体融合取得的成绩的同时，也提出新闻性需加强、内涵需提升、摒弃简单效仿三方面的问题：

"总体而言，此次媒体融合奖类参选作品在新闻性、现场性方面还有提升空间。在融媒短视频和融媒直播类中，主题性、成就性、仪式性的展示居多，真正具有新闻性、及时性、现场感的作品所占比例并不大。尤其是突发新闻、现场新闻等新闻主力军未成为参选作品的主要构成，最后的获奖作品也反映出这一问题。……

"参选作品中体现技术创新的作品多，但把技术、内容、形态有机结合起来，体现融合发展的高水平作品还不够。有的作品只是展现了技术开发的可能性，而在新闻价值挖掘、主题提炼、内容叙事的连贯性、体验的友好性等方面多有缺失，这就使作品的统一性和整体性欠缺。有的作品过于强调单一的技术运用，缺乏融合思维，难以形成综合效应。有的作品和报道方式甚至只是单纯的技术噱头，博人眼球而没有真正在内容和形态上形成创新。由此，作品的主题凝练、人性挖掘、价值引领和故事讲述方面缺乏吸引力。新技术产生新内容，但新技术是为人服务、为内容服务的，越是在技术赋能的新媒体时代，越不能落入技术决定论的误区，也不能让技术成为'一招鲜'的手段，而使作品成为炫技的苍白躯壳，难以形成持续的影响力。

"在参选作品中，也存在简单模仿之势，这也间接反映了当前媒体融合发展中作品创新创优的问题。当一种手法、方式和形态成为爆款的时候，跟风之作接踵而至。……从中，我们虽然看到主流媒体和爆款产品的示范效应，但也暴露了技术更迭中，媒体的独立创新意识不强，未能独立探索技术开发的可能性和创意的丰富性，盲目跟风，违背了创新的本义。"[①]

2019年，第二十九届中国新闻奖第二次评选"媒体融合"奖项。曾祥敏教授认为，本届获奖作品反映出媒体融合向深度突破的现实。他同时也指出参评和获奖作品在创新与创优、新闻性、原创性等方面的不足：

"许多参评作品只停留于挖掘技术和形式上的创新，作品缺乏叙事的完整度和深度，对作品内在价值尤其是新闻价值的挖掘乏善可陈，从而缺乏创新基础上的创优。……还有的参评作品尤其是短视频新闻作品，就是简单的宣传模式和空洞的口号，缺乏创意设计和生动的故事及细节，本身与新闻无缘，也与创优无缘。……第二届媒体融合奖作品在新闻性上仍显不足，尤其是参评的短视频新闻仍然以策划性、主题性报道为主，凸显突发性、现场性、即时性的短、实、新的作品仍然不多。……在两届融合奖作品中，都有类似的完全模仿他人之作，甚至不乏有影响力的作品，但创意和手法完全借鉴国外的作品，这样的做法不值得提倡。……而反观一些产品，只有互动的躯壳而无内在的意义，互动无法带来信息量和体验的愉悦，是无效互动。"[②]

2020年，第三十届中国新闻奖第三次评选"媒体融合"奖项。曾祥敏教授表示，获奖作品"体现出用户思维增强，新闻性和现场性突出，全面辐射各层级媒体，形成差异性发展的特征，体现出主流媒体在内容建设、

---

① 曾祥敏：《导向正确　融合创新　专业引领　规则探索——第二十八届中国新闻奖媒体融合奖评析》，《新闻战线》2018年第21期。

② 曾祥敏：《稳中求变　深度探索——第29届中国新闻奖媒体融合奖评析兼论内容融合创新》，《新闻与写作》2019年第11期。

技术支撑、管理创新方面的探索和进步"。同时他指出："从本次获奖产品的分布情况来看，省级媒体的融媒体内容创新活力已有所体现。往届的媒体融合类获奖作品，尤其是央级媒体的产品，在内容和形式上具有引领示范作用，同时也容易成为各级媒体简单重复和单纯效仿的'靶子样本'。在差异化、多元化的融合发展态势下，在省市级媒体融媒体中心初步搭建完成之后，我们期待省市级媒体摒弃对获奖作品的简单效仿，从现实生活和本地特色中寻找灵感，挖掘潜力，发挥自身优势，创新创优，生产出具有全局眼光、地域特色、多元创新的优质精品。"①

2024 年 1 月，第三十三届中国新闻奖评委、中央宣传部新闻阅评小组组长曹焕荣在中国新闻奖研讨会上表示："比照得奖的以正能量澎湃大流量的短视频和直播，更可以发现一些问题所在。这两个品种，如今是各媒体投入最大的、产量增幅最大的，也是占受众时间最长、影响面最为广泛的，但真正拿得出手的，还真不多。"②

## 二、推动传统媒体和新兴媒体一体化发展

### （一）正确看待、理性处理传统媒体和新兴媒体的关系

正确看待、理性处理传统媒体和新兴媒体的关系，使二者各得其所、比翼齐飞，达成互相支持、互相促进、一体化发展的良性循环，这是当前报纸提升"四力"的重要抓手。

正如 2019 年 1 月习近平总书记在第十九届中央政治局第十二次集体学习时所指出的："传统媒体和新兴媒体不是取代关系，而是迭代关系；不是谁主谁次，而是此长彼长；不是谁强谁弱，而是优势互补。从目前情况看，我国媒体融合发展整体优势还没有充分发挥出来。要坚持一体化发展方向，加快从相加阶段迈向相融阶段，通过流程优化、平台再造，实现各种媒介资源、生产要素有效整合，实现信息内容、技术应用、平台终端、管理手段共融互通，催化融合质变，放大一体效能，打造一批具有强大影响力、竞争力的新型主流媒体。……推动媒体融合发展，要统筹处理好传统媒体和新兴媒体、中央媒体和地方媒体、主流媒体和商业平台、大众化媒体和

---

①　曾祥敏、杨丽萍：《媒体融合作品创优路径探析——第三十届中国新闻奖媒体融合奖评析》，《新闻与写作》2020 年第 12 期。

②　曹焕荣：《发挥中国新闻奖在守正创新中的引领作用》，《中国记者》2024 年第 3 期。

专业性媒体的关系，不能搞'一刀切'、'一个样'。要形成资源集约、结构合理、差异发展、协同高效的全媒体传播体系。"①

这个讲话，全面、辩证、精辟地论述了传统媒体和新兴媒体的关系与二者融合发展的原则、重点、方向，是报纸正确处理自身和新兴媒体有机融合发展的科学行动指南，特别对纠正部分报纸过于偏重新媒体、忽视本报建设的错误倾向有积极作用。

### （二）在办好本报自身的同时，推动报纸和新兴媒体深度融合

对报纸来说，其所属新兴媒体可包括三类：本报自身的新媒体端，如官方客户端、微信公众号、抖音等；本报新建的新媒体平台，如上海报业集团创办的"澎湃新闻"、四川日报报业集团创办的"封面新闻"等；本报原有平台中新创的新媒体产品，如人民日报社创办的"侠客岛"、全国党媒信息公共平台客户端等。这三类新媒体各有不同的特点和优势。

报纸除了提高可读性，还要提高服务党治国理政的针对性、实效性和可持续性，不断提高办报的整体水平。这就要求，对报纸本身绝对不能放弃、不应放弃。有一种观点认为，报纸的客户端及其微信、微博、抖音平台等新媒体做强了，报纸自身的"四力"自然就强了。这种看法不够全面。报纸的新媒体做得好，当然有助于在一定程度上提高报纸自身的"四力"，但这种促进作用不可高估。因为在通常情况下，报纸自身和新媒体虽然同属一个集团，但毕竟是两个独立运营、独立核算的单位，如果纸媒本身办得死气沉沉，无人问津，新媒体办得再好，读者依然不会买纸媒的账。

当前应当警惕一种错误倾向，即不少报纸有意识地让纸媒本身更多地做宣传，让新媒体更多地做新闻，导致报纸本身的可读性越来越差，实力越来越弱，造成恶性循环：对纸媒投入的各方面资源越少，纸媒就办得越差，读者就流失得越多，导致对纸媒投入的资源进一步减少。

例如，有的报纸本身不做舆论监督，将相关稿件转移到报纸所办的新媒体发表。据上海一家报社记者介绍，该报社 2016 年 3 月实施"深度融合、整体转型"，全部采编力量迁入"上观新闻"App。原来在本报设置的从事舆论监督报道的《百姓心声》等栏目，全部转移到"上观新闻"App 互动频道中，以《民情 12345》栏目呈现。从过去的以周刊版面为频率发稿，转变为每周固定刊发 2～3 篇深度调查性报道。他认为，转型后，该报的舆论

---

① 习近平：《加快推动媒体融合发展构建全媒体传播格局》，《求是》2019 年第 6 期。

监督报道借助互联网的传播特性，摆脱了纸媒时代的种种限制，获得了更大的发展空间。①

对上述观点，笔者不敢苟同。因为报纸办的新媒体毕竟不同于报纸本身，而是相对独立的；这类新媒体不论办得多好、影响多大，都难以对报纸本身产生实质性影响。多数受众不会因为一家报纸的新媒体办得好，就认为这家报纸办得好。另外，用很小的手机屏幕看几千字的深度调查性报道，不论是阅读体验还是感受到的权威性都不如报纸，容易让读者特别是年轻人失去阅读的耐心和兴趣。

2020 年 9 月，中共中央办公厅、国务院办公厅印发《关于加快推进媒体深度融合发展的意见》（以下简称《意见》）。《意见》要求，推动传统媒体和新兴媒体在体制机制、政策措施、流程管理、人才技术等方面加快融合步伐，尽快建成一批具有强大影响力和竞争力的新型主流媒体，逐步构建网上网下一体、内宣外宣联动的主流舆论格局，建立以内容建设为根本、先进技术为支撑、创新管理为保障的全媒体传播体系。要走好全媒体时代群众路线，大兴"开门办报"之风，把党的优良传统和新技术新手段结合起来，强化媒体与受众的连接，以开放平台吸引广大用户参与信息生产传播，生产群众更喜爱的内容，建构群众离不开的渠道。要推进内容生产供给侧结构性改革，更加注重网络内容建设，始终保持内容定力，专注内容质量，扩大优质内容产能，创新内容表现形式，提升内容传播效果。②

《意见》在要求全方位加快推动传统媒体和新兴媒体融合发展的同时，特别强调媒体的内容建设，可谓抓住了当前推进媒体深度融合发展的关键和根本。

### （三）培养全媒体人才应当实事求是

有一种流行的观点认为，在全媒体时代，报纸应当努力培养适应融合媒体岗位的流通与互动需求，集采、写、摄、录、编、网络技能运用及现代设备操作等多种能力于一身的全媒体人才。笔者以为，这种提法的总体精神大体正确，但具体操作时要谨慎行事、务求实效。

古话说得好："术业有专攻。"以笔者从事新闻采编评第一线 20 多年实

---

① 毛锦伟：《新媒体时代党报舆论监督的深化、拓展和出路——以解放日报·上观新闻"民情12345"栏目为例》，《新闻世界》2019 年第 3 期。

② 《加快推进媒体深度融合发展》，《人民日报》，2020 年 9 月 27 日第 1 - 2 版。

践的体会，文字采写就是一门大学问，光是这门业务就够记者钻研一辈子了。一名文字记者如果还能钻研一点摄影，在精通文字采写的同时，拍照片还能拍到不错的水平，就很了不起了。因为新闻摄影也是值得钻研一辈子且不少人钻研一辈子都达不到很高水准的专项业务。从工作实际来说，摄影也是文字记者应当掌握的基本功。如果文字记者还会写一点评论，能达到合格的水平，那已经算是业务比较全面的文字记者了。而要写好评论同样很不容易，需要一定的思想理论水平、洞察力和文字基础，并经过长期的训练和积累。

正因为文字采写、摄影、评论等都是专业性很强的业务，盲目赶时髦，追求培养全媒体人才，要求采、写、摄、录、编样样都能上手，显然违反宣传、新闻人才培养规律，容易导致采编人员什么都会一点、什么都不精通，不利于宣传、新闻事业的发展和个人的成长。因此，报纸培养人才应当实事求是，制订切实可行、科学细致的方案。培养"一专多能"人才固然是一个大方向，但这"多能"要有所为有所不为，不应要求面面俱到、样样精通，事实上也难以做到。

做好宣传、新闻工作，更需要有一个好的机制，使精通各方面业务的专门人才能够彼此密切协作。为了满足全媒体传播的需要，采访时可以派出一个团队，有的负责文字，有的负责视频，有的负责摄影，大家各司其职；采访回来后，再由专门团队负责对文字、视频、图片等进行综合处理，按需发布到不同平台。这是比较科学、务实、可行的做法。以文字记者为例，他采访时要集中精力，随时根据情况变化调整采访思路、方案，做好采访记录，不宜分心去拍照片、录视频，否则会影响采访质量，甚至出现重大失误。

第二章

# 报纸宣传

报纸宣传是报纸为实现党的主张和奋斗目标，动员组织广大党员、干部和群众所进行的理论武装、舆论引导、思想教育、文化建设、文明培育等工作和活动。报纸宣传工作的根本任务，是高举中国特色社会主义伟大旗帜，巩固马克思主义在意识形态领域的指导地位，巩固全党全国人民团结奋斗的共同思想基础，建设具有强大凝聚力和引领力的社会主义意识形态，建设具有强大生命力和创造力的社会主义精神文明，建设具有强大感召力和影响力的中华文化软实力。

报纸宣传主要分常规性宣传、典型宣传（报道）、主题宣传（报道）三类。

常规性宣传指报纸日常进行的一般性宣传报道，通常由报社自主进行。典型宣传（报道）按中国记协 2024 年 3 月发布的第三十四届中国新闻奖评选办法，是指报道全国性或区域性先进人物、先进集体、先进事迹、先进经验的新闻作品，应具有时代性、典型性、代表性，受众面广，影响力大。主题宣传（报道）一般指报纸围绕党和政府当前的重大战略思想、重要决策部署、中心工作、重大活动等，围绕重要时间节点和社会热点等，分专题、分领域进行的集中深入的宣传报道。典型宣传特别是主题宣传经常由宣传部组织报社开展，当然报社也可自行策划。主题宣传常常包括典型宣传，比如某地集中开展大力发展民营经济的主题宣传，就会对民营经济发展较好的典型进行报道。

由于先进人物、先进集体、先进事迹、先进经验本身有较强的新闻性、故事性，所以典型宣传相对容易开展，可读性较强，容易取得好的效果。做好典型宣传，一定要坚持实事求是，有一说一、有二说二，经得起历史和人民的检验，避免为了实现宣传目的而人为拔高、虚构事实，结果弄巧成拙，让读者感觉不真实或者对典型敬而远之——这是当前一些报纸的典型宣传中最容易出现的问题。此外，要努力把典型写得生动形象、血肉丰满，富有人情味和生活气息，提高报道的亲和力、感染力、吸引力，让读者感觉典型可亲可敬可学。典型宣传还要突出特色，防止千人一面，有特色才有生命力、传播力和影响力。

# 第一节　努力提高宣传实效

从信息化发展趋势看，新一轮科技革命带来传播格局深刻变革，改进创新宣传思想工作任务之艰巨前所未有。5G、大数据、云计算、物联网、区块链、人工智能等技术快速发展，移动应用、社交媒体、问答社区、网络直播、聚合类平台、个人账号和公众号等新应用、新业态不断涌现，在更广范围内推动着思想、文化、信息的传播和共享，媒体格局和舆论生态正在重塑。现在，国际国内、线上线下、虚拟现实、体制外体制内等界限日益模糊，构成了越来越复杂的大舆论场，更具有自发性、突发性、公开性、多元性、冲突性、匿名性、无界性、难控性等特点。主流媒体的主导作用受到极大冲击，网络往往成为负面舆情发酵、错误思想产生的策源地和放大器，大大增加了舆论引导和内容管理的难度。[①] 在这种形势下，报纸宣传工作要加快改革创新的步伐，努力提高宣传的实效。

---

① 中共中央宣传部干部局组织编写：《新时代宣传思想工作》，北京：学习出版社 2020 年版，第 13 页。

## 一、端正宣传目的

从我国媒体的性质和宗旨来看，报纸应当为党和人民的利益、公共利益宣传，而不是为实现少数人或小团体的私利宣传。

目前部分报纸宣传效果差，根源之一就在于，其宣传的目的主要是满足少数人或小团体的私利，把不少没有宣传价值、没有可读性的内容登上版面。报纸的宣传内容，一方面来自上级的"规定动作"，另一方面是本报的"自选动作"。有的地方或部门的领导，为了彰显自己的政绩，或取悦上级，或维护私利等，要求报纸宣传指定的东西。有的报社领导层，也会为了私利主动策划相关宣传内容，从而实现个人目的。

## 二、改变宣传工作中的"牧羊人"心态

部分报纸工作者和相关部门人员抱着高读者一等的"牧羊人"心态，把读者当作接受管理、接受教育、接受宣传的，不会独立思考、没有自我判断力和行动力的"羊群"，以居高临下、我上课你听课、我灌输你接受的姿态，开展各项宣传工作。以这样的心态和姿态做宣传，必然会令他们不认真研究宣传规律和读者心理，不注意听取和吸收读者的相关意见和建议，不积极对宣传工作进行改进。这也是导致宣传效果差的原因之一。

实际上，很多读者身处机关、事业单位和国有企业，他们受过高等教育，其综合素质并不亚于甚至高于部分报纸工作者和相关部门人员。因此，报纸工作者和相关部门人员应当摆正位置，以和读者平等的态度做宣传工作。要扬弃传统传播理论的"魔弹论"，千万不要以为，报纸说什么，读者就会相信什么；报纸不说什么，读者就不知道什么；报纸强调什么，读者就会重视什么；报纸淡化什么，读者就会忽视什么。可以说，读者的综合素质特别是媒介素养越高，社会经验越丰富，个性越独立，越不容易受到报纸内容设置的影响。

浙江省委宣传部主办的"浙江宣传"公众号，在新闻宣传系统、舆论界大名鼎鼎。浙江省政协原副主席周国辉认为，"浙江宣传"的成功之道在于，守住了以人民为中心的初心，回归到宣传工作的本源、本性、本真，又很好地把握了求变与不变的度，讲人话、说人事、尽人责，让人看得进、看得懂。每篇文章都是开门见山，直截了当，意尽即止，不搞长篇大论、

不做官样文章、较少"正确的废话"。①

## 三、遵循宣传规律，积极探索宣传新闻化

正能量再正也不会自动传播出去。绝不能认为，有正能量的东西，就一定有好的传播效果。部分报纸的宣传效果差，一个重要原因就在于，部分采编人员和相关部门人员业务能力不强、水平不高，不太懂宣传规律。比如，误以为宣传的内容"规格"越高，占的版面越大，见报越频繁，声势越浩大，宣传效果就越好。

### （一）尊重和遵循宣传规律

中国经营报社社长、总编辑季为民认为，开展宣传工作需要尊重、遵循的宣传规律主要包括以下四个方面：

为民：强调服务意识，重视用户需求。宣传工作本质上就是党的群众工作的一部分，必然遵循党"全心全意为人民服务"的根本宗旨。宣传要想直抵人心，首先要洞悉用户的信息需求，并提供及时、准确、充分、交互的服务，这也是提升宣传效果的捷径。

求真：强调真实权威，讲究导向策略。及时全面地公开真实信息，这也是宣传工作要遵守的基本伦理原则。用事实说话是宣传最有效的手段，也是宣传效果的根本保障。通过及时报道和传播事实，可以向受众润物无声地传播思想和观点。

讲理：强调尊重常识，力求逻辑自洽。宣传的内容必须经得起基本的求证验证、逻辑分析和比较判断。只有这样，宣传内容才会有说服力，才能与宣传对象产生共鸣。

循律：强调遵循规律，提高专业素养。做好宣传工作要遵循宣传规律，遵守专业要求。新闻媒体是宣传的重要媒介和渠道，宣传工作也要讲究"时度效"原则。例如，宣传要讲实效，就应当根据工作任务要求，针对不同的宣传对象知识水准、思维习惯、生活方式、文化习俗、宗教信仰、价值体系等制定科学的方案和策略，学会用对方熟悉的文化、历史语言表达自己要说的观点，努力寻求、设置具有价值共识的宣传语境。同时，要为宣传工作确立相应的专业伦理准则，如宣传的底线应该是不说假话。②

---

① 周国辉：《"浙江宣传"为啥能"火出圈"？》，《学习时报》，2022年12月12日第A4版。
② 季为民：《尊重遵循宣传规律》，《学习时报》，2019年12月16日第A5版。

季为民先生所说的"循律"，涉及许多他尚未提到的、具体的、很重要的宣传技巧。例如，宣传只有符合读者的切身感受，才会入脑入心；在新闻媒体上开展宣传，内容应当精当，以质取胜，排山倒海式的宣传容易诱发受众逆反心理；等等。从事宣传工作的管理者和采编人员，应当通过实践和学习，认真总结相关规律，积极加以运用，不断提高宣传实效。

### （二）努力寻找宣传规律和新闻规律的交汇点，积极探索宣传新闻化的道路

为了提高宣传实效，报纸应当积极探索宣传新闻化的路子，尽量以新闻作为宣传的载体，努力提高报纸的新闻含金量。

在广大读者看来，报纸首先是一种新闻媒体，不是文件、公告栏、学术刊物和理论书籍。报纸发挥宣传功能，应尽量符合读者认可的这个主要特征，充分发挥新闻媒体能通过传播有公信力、吸引力、时效性和指导性的新闻，深入千家万户，产生广泛而深刻影响的独特优势，努力把宣传规律和新闻规律结合起来，善于把文件上的政策阐述、著作中的思想理论等转换为新闻表达，善于通过新闻的形式去实现宣传的功能，以体现报纸与党的其他宣传工具的不同分工。

宣传和新闻报道都属于传播的一种，都要符合基本的传播规律。另外，不少新闻本身就蕴含程度不等的宣传价值，有的价值还很高，比如能有力体现社会主义核心价值观的助人为乐、敬业爱岗的生动感人故事等。因此，宣传规律和新闻规律有不少共通之处。以报纸为例，从传播时机上看，宣传和新闻报道都要讲究最佳时机，提前或滞后都不能收到良好的传播效果；从内容上看，都讲究通过真实、生动、接地气、有典型性的故事打动人心，忌讳平淡无奇、平铺直叙地写人叙事；从形式上看，都讲究文字活泼、通俗、简练，图文并茂，篇幅尽量简短；等等。

除了一些特殊情况，在多数时候，应力争使我们要宣传的习近平新时代中国特色社会主义思想、社会主义核心价值体系等，像盐溶入水一样，像春雨润物细无声一样，使读者在阅读内容真实可感、语言生动贴切的新闻作品时，不知不觉接受正能量的熏陶，不宜有太强的宣传味。这是因为，从接受心理来看，受众一般对直白的说教、宣传较为反感。这一点从商业广告就可看出来：绝大多数成功的、能有效打动人心的广告，基本不会直白地说自己的产品如何好，而是善用技巧，让受众间接地在不知不觉中感

受到产品的好处。

### （三）积极研究、了解和尊重受众心理

宣传工作面对的是有各种需要、认知、情感和性格的活生生的人。受众接触到宣传内容后，是接受还是抵制；如果接受的话，是全部接受还是部分接受；如果抵制的话，是全部抵制还是部分抵制……这些实际上都是受众一系列的心理活动。可以说，受众心理对宣传工作成效具有决定性的影响。只有准确了解和尊重受众心理，积极改进和创新宣传，宣传工作才能取得预期甚至事半功倍的成效；反之，对受众心理几乎一无所知，自说自话，宣传工作就难以做到有的放矢。

例如，曾任解放日报社总编辑的秦绍德先生认为，就受众心理而言，有几种心理值得宣传工作者注意：第一，自尊心理，主要是尊重自己的判断能力、认知能力，尊重自己在宣传中的主体地位。主要表现为，相信自己的感官得到的直接信息；喜引导、厌训斥；希望对宣传的内容自行比较、判断，自己来下结论；愿意双向交流，不愿意单方面接受宣传。第二，选择心理，即受众通常不会对宣传内容照单全收，而是有选择地注意、吸收和记忆。具体表现为，受众总是首先注意到自己需要的信息或与自己观点相同的宣传，而对于自己不需要的信息或与自己观点不同的宣传，则不怎么注意或根本不注意；受众往往喜欢选择认知与自己观点相同的宣传，加强自己原有的观点，而对不同的观点则加以改造，使之符合自己的愿望、情绪和观点；受众对于观点相同、感兴趣的信息记得较迅速牢靠，对自己不感兴趣的信息则忘得较快。第三，逆反心理，即受众违背宣传者意图、对宣传的心理抵抗。其特点表现为：认知的反向性，以同宣传者相反的推理去认知宣传内容；认知的偏执性，往往对宣传有固执的对立意见，不肯轻易放弃自己的看法；强烈的排他性，不仅强烈排斥宣传意见，也不能容忍与之相左的其他意见；情感的盲目性，逆反情感在整个心理活动中占了支配地位；心理活动的持续性，逆反心理一般要持续相当长的一段时间。[①]

---

① 秦绍德：《宣传心理学》，福州：福建人民出版社1993年版，第95－129页。

## 四、从宣传的理念、内容等各方面进行创新

### （一）宣传理念的创新

宣传理念主要指宣传的性质是什么、宣传应当做什么、怎样做好宣传等指导宣传实践的诸观念问题。理念创新是宣传诸方面创新的关键和旗帜。宣传理念落后甚至错误，在其引领下的宣传必然死气沉沉，效果不彰甚至适得其反；在先进宣传理念的指引下，才会有生动的宣传内容、活泼的宣传形式和良好的宣传效果。这就要求我们始终保持思想的敏锐性、开放度，不断打破思维定式，持续根据新时代的要求创新宣传理念。思想一解放，宣传理念一创新，就可以开辟宣传工作新天地，创造宣传工作新机遇，打开宣传工作新局面，产生宣传工作新效果。

例如，报纸宣传要想收到良好的效果，就必须贯彻互联网思维，其中最重要的就是用户思维或者说读者思维，也就是要以读者为中心来策划、开展相关报道，内容要鲜活平实，形式要活泼多样，要贴近读者生活实际。如果只是着眼于让少数人满意，广大读者就很难满意了。再如，人民日报社原副总编辑卢新宁认为，长期以来存在一个误区，认为正面宣传不能谈问题、说矛盾、讲不足。事实上，正面宣传要有问题意识，才会有影响力。"问题牵动人心，问题需要解答，只有抓住了问题，报道和评论才更有针对性和公信力，在工作层面才能够主动设置议题，形成话语场，把握主动权；在传播层面才能够引起广泛共鸣，形成和扩大共识；在社会发展层面才能够引发思考，寻求对策，推动社会进步，维护群众利益。任仲平文章这几年的一大转变，就体现在'问题意识'上。我们是大党大国大报，所谓'有容乃大'，直面现实问题，说出还有不足，有什么不可以？"①

### （二）宣传内容的创新

报纸的宣传内容承载着党的路线方针政策，直接体现了具体的宣传目的、任务、要义，是对各种大大小小、林林总总的宣传方案的落实，是和受众面对面接触的文本，是决定宣传效果好坏的关键。因此，宣传内容应当与时俱进，摒弃陈旧、不符合时代观念和时代精神、难以为受众接受的

---

① 中共中央宣传部新闻局编：《漫谈新闻评论》，北京：学习出版社2014年版，第9页。

东西，多宣传有品质、受众感兴趣、真正需要的内容，努力将我们要宣传的党的大政方针和群众的切身关注点结合起来。

例如，有的报纸宣传典型人物，常常渲染其不顾自己的生命健康忘我工作，以致英年早逝。这些模范为民服务、公而忘私的精神的确令人敬佩，值得学习，但在"健康中国"已成为国家战略、党和国家提倡人人都应当高度重视个人健康的今天，我们在报道英模人物时，还是不宜宣传"不顾健康拼命工作"为好。这也是一种以人为本的宣传理念。实事求是地说，工作和健康可以兼顾，也应当兼顾。如果有关人员重视健康，他们本可以为民服务更久、作出更大贡献，也不至于让家属过早失去亲人。

### （三）宣传体制机制的创新

宣传的体制机制，决定了宣传活动的质量和水平。在全媒体时代，舆论生态、媒体格局、传播方式等已发生了巨大变化，原有的传统的宣传体制机制已不能适应新形势的要求。报纸如果固守死板的体制机制，按老套套老框框开展宣传，必将效果不彰。"问渠那得清如许？为有源头活水来。"符合全媒体时代传播特点、机动灵活、科学规范、运行高效、应变有力的宣传体制机制，就是报纸宣传事业不断创新发展的源头活水。为此，报纸必须革除陈旧体制机制的弊端，统筹整合各类资源，重新建构全媒体采编评模式，完善人才的培养、使用、激励、淘汰机制，让报纸的宣传工作焕发出勃勃生机。

例如，人员考核机制的创新，直接关系到采编人员的切身利益，可以起到"牵一发而动全身"的效果。科学有效的考核机制，应当能够充分调动采编人员干事创业的主动性、积极性、创造性。湖北日报传媒集团于2021年年底开始试行新的全媒体报道考评办法，将日报社报纸、客户端以及微博、微信、抖音等第三方平台新媒体账号发布的文字、图片、新媒体产品、视频、直播等各类型稿件，一体化纳入考评范围，一律按质定级评分，由报道质量确定基础分，由传播效果确定传播分，合计起来，按月考核，并直接与一线人员收入挂钩。目前来看，考评方法的变化极大激发了新闻生产力，取得了较好成效。[1]

---

[1]　涂博文：《加快推动媒体深度融合发展的湖北实践》，《中国记者》2022 年第 2 期。

### （四）宣传话语的创新

有先进的宣传理念、引人入胜的宣传内容，还要有让读者喜闻乐见、生动活泼的宣传话语，这样的宣传才能收到入脑入心的效果。特别在全媒体时代，报纸的宣传话语要积极跟上读者接受信息的新方式、新习惯。

比如，某报2020年2月12日刊发一则通讯《家有机器人，老人心里更滋润》，文中说："2019年末，我国60岁及以上人口为25 388万人。""25 388万人"是官方正式、标准的规范性文件中的用法，报纸用语固然应当规范，但报纸毕竟不是官方红头文件，如此文绉绉的表达方式让读者读起来颇有些障碍，因为他得计算一番才能弄明白准确人数为"2.538 8亿人"，如果算错了还会弄错事实。实际上，"2.538 8亿人"的表述通俗易懂，也是规范的用法，用在报纸上完全没有问题；从读者的角度考虑，应当倡导这么用。这个细节虽小，却反映了办报理念的问题。再如，2010年11月10日《人民日报》头版头条题为《江苏给力"文化强省"》，一向以严肃著称的党中央机关报在如此显要的位置使用网络热词"给力"，一时引为美谈，这反映了报纸力求"三贴近"的努力方向。

### （五）宣传手段的创新

报纸传统的宣传手段普遍比较单一，主要通过平面媒体刊发相应的消息、通讯、评论、照片等文章进行宣传。在当前报纸阅读率有所下降的情况下，这种传统、单一的宣传手段已越来越难收到良好的宣传效果。报纸应当积极通过媒体融合等途径，努力采用最新的传播技术，丰富和创新宣传手段。一个宣传内容，可以经过精心策划，通过"报、网、端、微、屏"等多种途径，进行立体化、全方位的传播，形成宣传合力。

例如，重庆日报报业集团在庆祝建党百年和党史学习教育宣传中，强化融合传播，把文字、音视频、图片、动漫、H5、动图、超链接、关键词、数字地形模型、VR、AI等融为一体，交替配置或整合运用，全方位、全过程呈现和还原新闻动态场景，并在官网、客户端以及微博、微信、头条、抖音、快手、微视、知乎、B站等第三方平台在线传播，具有鲜明的移动和社交传播特征。同时，尽可能在技术上适配全网，无论是PC端，还是手机端，抑或是电子屏，均能做到自如切换，无缝对接，属典型的全媒体、全渠道传播。唯有如此，其以秒、分为单位的"小视频"才能常常收获数以亿计的立体、融合、全覆盖"大传播"效果。华龙网作品《人间正道是沧桑——百年百篇留声复兴之路》全平台阅读量接近 3 亿；沉浸式互动视频产品《党员，请选择!》融入年轻人喜欢的游戏元素，通过代入式选择，让用户在亲身体验中感悟革命先辈的信仰与抉择，让党史宣传更接地气、更年轻化，吸引用户自发在社交平台裂变传播，截至 2021 年 7 月 6 日 12 时，该作品和相关产品在各平台总流量达到 1.08 亿。《重庆日报》大型全媒体报道《像我们一样年轻》系列短视频，上屏选取 50 位党史代表人物在其青年时代的名言语录、重要事迹，以"配音 + 照片"呈现视频效果；中屏展示"跨越时空对话·传承百年初心"主题及画面；下屏为采访的与党史人物"同龄"的当代青年视频，请他们谈上屏人物名言语录、重要事迹对自己的启发和感悟，以及如何像当初年轻的党史代表人物那样放飞青春的梦想，全平台阅读量超过 1.5 亿人次。"上游新闻"微视频《超燃 800 秒! 共产党百年风华重庆极简史》独创 3D 建模解放碑、3D 渲染史料素材等新锐剪辑手法，将大量老资料、旧照片用建模形式重新渲染、修复，成为鲜活记忆的见证，让历史"动起来""活起来"。截至 2021 年 6 月 30 日，重庆日报报业集团所属媒体共刊播庆祝建党一百周年、党史学习教育相关新闻报道 28 096 条（次），总阅读量近 11 亿人次。这在传统媒体时代靠单一文图传播是很难实现、无法想象的。[①]

### （六）宣传形式的创新

形式虽然要为内容服务，是第二位的因素，但形式本身也具有独立的审美价值、宣传价值和新闻价值，特别是那些立意高、有重大突破、能很好表现内容、令人耳目一新的宣传新形式。因此，应努力追求宣传形式的创意突破，力争在宣传形式上让读者眼前一亮，尽管在内容上没有根本变化，但也能让读者感兴趣，从而提高宣传实效。毕竟，在一段特定时间内，我们要重点宣传的内容常常是固定的。

以获得第三十届中国新闻奖一等奖的《解放日报》2019 年 10 月 2 日第 1 版为例。该版在全国党报中首创竖通版版式，版面的立意围绕毛泽东同志 70 年前的"占人类四分之一的中国人从此站立起来了"宣示展开。版面主题采撷习近平总书记在新中国成立七十周年庆典讲话中的"中国的今天"和"中国的明天"，全要素呈现这一历史瞬间。一组内页盛典特刊的导读，

---

[①] 管洪：《小视频大传播推动党媒融合质变》，《中国记者》2021 年第 8 期。

选取 1949 和 2019 两组数字，通过文字设计编排，嵌入 70 年来取得的重大成就，配合飞驰的复兴号列车，寓意我国正走在"从站起来、富起来到强起来"的复兴之路上。整个版面气势磅礴、内容饱满、厚重大气，凸显党报关键时间点上的匠心。新中国成立七十周年庆典堪称万众瞩目，如何让激越、鼓舞、振奋的场景浓缩于有限的版面，本身就是一大挑战。在全国各报多采取整版、通版形式报道国庆盛典的同时，该报大胆打破常规、固化思维，以竖通版形式开全国报业之先河，为新闻界提供了传统媒体在形式上勇于开拓创新的范例。①

## 五、加强报纸宣传理论的研究

部分报纸宣传实效差，与长期以来业界、学界对报纸宣传的理论研究较为薄弱不无关系。没有科学、系统、成熟的理论作指导的宣传实践，必然问题丛生、实效不彰。例如，宣传效果评价是宣传工作的关键环节，这种评价不能主要靠主观感觉、长官意志、自我宣传，否则可能与事实天差地别。如何建立一个科学、系统、有可操作性的评价体系，对宣传实效进行客观、有说服力的衡量，以促进宣传事业的发展，避免做大量的无用功，是当前亟待解决的问题。

由于党的宣传工作涉及较敏感的领域等原因，这方面公开发表的有分量的研究成果不多。截至 2023 年年底，专门研究报纸宣传的公开出版的学术著作，笔者只搜索到 2009 年人民日报出版社出版，范敬宜、王君超主编的《党报宣传艺术新论》（上、下）。非但如此，21 世纪 20 多年来，就连专门研究宣传的公开出版的学术著作都极为少见。刘海龙撰写、中国大百科全书出版社 2013 年、2020 年先后出版的《宣传：观念、话语及其正当化》第 1 版、第 2 版，主要研究包括中国在内的世界宣传观念的演化史。史振伟、高熠合著，中国传媒大学出版社 2011 年出版的《实用新闻宣传学》，上编讨论媒体的新闻实务，下编讨论媒体的宣传实务，理论研究并不多。李廉民撰写、中国广播电视出版社 2014 年出版的《善待媒体 6 + 1：新闻宣传学笔记》，对新闻宣传的实践和理论作了一些探讨。中共中央宣传部干部局组织编写的《新时代宣传思想工作》（学习出版社 2020 年版）对我党宣传思想工作的基本任务、要求、规律等作了经验性的概括总结，属基础性

---

① 中国新闻奖评选委员会办公室编：《中国新闻奖作品选（2019 年度·第三十届）》，北京：新华出版社 2021 年版，第 92 页。

的干部培训教材。中宣部组织编写、人民出版社 2022 年出版的《中国共产党宣传工作简史》，是学习研究党的百年宣传史的重要教科书。秦强撰写、五洲传播出版社 2023 年出版的《新时代宣传工作十讲》，系统梳理了新形势下宣传工作的时代背景、基本内容和重要意义。

这种研究状况与宣传工作在我国的地位、作用，以及报纸在宣传工作中的职责、地位极不相称，亟待有关部门采取有力措施，大力予以加强。

# 第二节　做好主题宣传

主题宣传是报纸宣传的重头戏，很能体现报纸宣传的特点和面临的问题，也是很能彰显报纸的身份、担当和影响力的宣传报道内容之一。主题宣传做得好的报社，一般综合实力较强，整体宣传质量和水平较高。正因为如此，它也是提高报纸可读性的重要环节、关键突破口。

## 一、主题宣传的特点

主题宣传实质上是一种舆论议题设置，目的是主动出击，积极引导社会舆论、壮大主流舆论，力图形成某个时期的热点，引起公众较大的关注，并使之接受预设的主题思想，从而实现设置主题的宣传目的。

主题宣传的主要特点是：主题多数集中在政治领域，属重大主旋律，政治性很强，相关任务往往是上级下达给报社的；宣传的总体方案一般由上级安排，再经过媒体一段时间的精心策划，做出一套具体详细的方案，往往要动员媒体多个部门合作，耗费大量的人力物力财力；有较强的整体性，涵盖面广，规模较大，占用大量的版面、时段等，时间集中，延续时间长，有的甚至长达半年以上，类似一场战役；传统媒体和新媒体联合作战，表现形式和手段丰富多样，追求形成全媒体传播矩阵的传播合力。做好主题宣传，对在一段时间内集中火力强化宣传党的理论和路线方针政策、引导社会舆论、凝聚各方力量、推动各项事业发展等，都具有重要意义。

由于主题宣传是报纸主管部门所大力提倡、支持的，报纸自主策划、自主采编评的空间相对较大，能较充分地发挥报纸自身的智慧和力量。然而，如何让主题宣传叫好又叫座，仍是报纸当前面临的一个普遍性难题。这主要是因为：一则，不少主题宣传，主要是为重大时间节点或党委、政府近期举行或将要举行的重大会议、活动等制造氛围和声势，有关工作人员对形式的重视往往超过内容，认为只要导向正确、场面热闹、气势宏大就行。二则，部分报纸自身积极性不高，出于长期形成的路径依赖，做主题宣传时习惯于盯着上头、不管下头，习惯于揣摩上意、不大注重研究受众，有的甚至应付了事，在这样的理念引导下做出的报道，其效果可想而知。三则，主题宣传先天的主题先行和宏大叙事的特征，导致这类宣传本来就不易做好。主题越大的宣传越容易"放空"、越难把控，如果没有高水准的策划和强大的执行力，以宣传者为中心进行单向度、程式化的灌输，就容易陷入习近平总书记提到的"假大空"宣传的窠臼，宣传实效往往不佳。

报纸主题宣传要牢牢树立质量意识，求精不求多。一年中安排的主题宣传数量一多，就容易导致采编人员产生倦怠心理、读者产生"审美疲劳"，传播和接受的质量双下降，造成宣传的边际效应递减。做好主题宣传，首先应当强化策划意识，和有关部门一起，做好宣传报道的策划工作；策划做得有高度、到位、精细、可行性强，宣传报道就成功了一半。其次要贴近受众、贴近生活，努力走小中见大、鲜活平实、讲好故事、形式多样化等新路，避免人为拔高、空话套话连篇，让受众感到报道虚假无力、评论华而不实。再次要做好全媒体报道之间的统筹协调，形成合力，并针对不同目标受众进行差异化传播、精准传播，提高宣传实效。最后要注意的是，为了提高传播实效，做宣传也应当和做新闻一样，提倡短、实、新；篇幅应有所控制，那种动辄上万字的长篇通讯、重型评论，容易令多数读者望而生畏，哪怕写得很精彩，恐怕也很少有人愿意耐心读完。

## 二、主题宣传经典案例

广州日报社是中国报业改革的先行者之一。近年来，该报努力创新理念、内容、形式、方法、手段，不断提高主题宣传的质量和水平，闯出一条新路，获得业界和读者的肯定。下面我们以该报社改革开放40周年主题宣传为例，说明报纸应当如何做好主题宣传。

2018年是改革开放40周年。针对这一重大主题，《广州日报》努力探索宣传新闻化的路径，力图在宏大叙事中找到小切口，从"新时代属于每一个人"的立意出发，紧密结合广东基层实践，聚集人物故事，推出《我们的新时代》全年系列报道，通过讲述一个个"小人物"的"小故事"来折射"大时代"的"大变迁"，工笔描摹宏大画卷，取得了这个重大主题宣传的成功。这说明，报纸只要精心策划、精耕细作，同样可以把宣传做得好读、耐读。

下面全文罗列该报的这一案例。

### 听100个"我们"讲述新时代的故事[①]

2018年，最重大的主题宣传活动莫过于庆祝改革开放40周年。站在"中国特色社会主义进入新时代"这一历史坐标上，全国主流媒体在"壮阔东方潮　奋进新时代"大主题的统领下，展开了一场延续全年的新闻业务大比拼。

40年岁月长河，我国发生了无数值得记录和回望的事件，取得了无数举世瞩目值得大书特书的成就，亦涌现了无数值得铭记和讴歌的面孔。作为改革开放的排头兵、先行地和实验区的广东，更是这一波澜壮阔大时代中的弄潮儿。作为地方党报，我们应如何着手，才能将这篇记录中国铿锵发展足音的大文章写出自己的特色？

和很多媒体一样，《广州日报》从2017年年底就开始谋划庆祝改革开放40周年的报道了。我们首先考虑的是，中央庆祝改革开放40周年纪念大会2018年年底才召开，报道肯定要贯穿2018年全年，因此策划报道必须放眼全年去谋划，又要结合重要节点做出声势。而最重要的是，报道要立足高站位，必须突出展现党的十八大以来中华民族伟大复兴之路，必须生动展现广东牢记习近平总书记嘱托、努力在新起点开创新局面的实践探索。在这一主旨指引下，我们确定将重点放在党的十八大以来的这五年上，放在广东在新起点开创新局面上：不仅回顾过去，更展望未来；不仅总结成就，更展现牢记嘱托谋划落实。

主题的确定来源于习近平总书记的一句重要论述。2018年3月，十三届全国人大一次会议在京闭幕，习近平总书记发表重要讲话。"新时代属于每一个人，每一个人都是新时代的见证者、开创者、建设者。"习近平总书记的这句话在全国上下引起热烈反响，也给了我们极大的启发——我们身

---

① 赵东方、汤新颖：《从宣传到传播：广州日报近年主题报道经典案例剖析》，广州：南方日报出版社2020年版，第115－121页。

边的每一个普通的奋斗者，不正是改革开放40年最好的见证者和记录者吗？他们的奋斗故事，不正是改革开放伟大历程最好的缩影和诠释吗？于是，我们将改革开放全年系列的主题定为"我们的新时代"，决定从宏大叙事中另辟蹊径，从"新时代属于每一个人"的立意出发，紧密结合广东基层实践，聚焦基层干部群众，通过讲述一个个"小人物"的故事来折射大时代的变迁，描摹改革开放四十年的宏大历史画卷。

2018年5月21日，《广州日报》的《我们的新时代——改革开放四十年 奋斗广东再出发》12个大版开篇特辑推出。沿着习总书记2012年考察广东的足迹，记者精心选取广州、深圳、佛山、珠海40位基层干部群众展开回访，以第一人称生动讲述改革开放以来尤其是党的十八大以来普通人经历的光辉岁月、感受的时代巨变、期许的美好生活，点出了"人民对美好生活的向往就是我们的奋斗目标"的时代主题，拉开百人故事系列的序幕。

紧接着，从5月至12月，切合习近平总书记对广东"四个走在全国前列"重要指示，《我们的新时代》第二序列40位奋斗者故事按"新发展""新经济""新丝路""新生活"四大主题每周推出，每个奋斗者故事一个整版，持续大半年时间。

12月18日，在中央庆祝改革开放40周年大会召开的历史时刻，《我们的新时代》收官序列12大版《再出发》特辑见报，紧紧围绕习近平总书记10月考察广东时提出的"四个方面工作要求"，精选20名代表人物谈落实、讲愿景，唱响"改革开放永不停步"的时代主题，将《我们的新时代》百人故事系列推向高潮。

## 小人物折射大时代

时代是人造就的。《我们的新时代》特别注重将"小人物"的奋斗故事置身于改革开放的宏大背景中，在新时代的奋斗底色中精选代表行业、代表人物。正是一个个代表人物构成了"我们"，书写着"新时代"。

如在开篇特辑40位基层干部群众的选择上，记者沿着习近平总书记2012年视察广东时的足迹，在广州、深圳、佛山、珠海四地展开回访。这40人中，既有当年在广州东濠涌畔与习近平总书记亲切交谈的退休干部林志强，也有在全国两会上向习近平总书记汇报的"80后"企业家袁玉宇。40人按照五大发展理念分为五个系列，以第一人称向习近平总书记汇报五年来的奋斗和身边的变化。

40 位奋斗者故事系列的主人公则分别围绕"四个走在全国前列"重要指示划分组团。如"新发展"序列以广州开发区科技领军企业领军者孙志强的奋斗故事开篇，8 位主人公既有广汽集团董事长曾庆洪、格兰仕总裁梁昭贤等国企民企领军者，也有外企领头雁，以及见证了简政放权之路的政务中心窗口办事人员。他们的奋斗故事，折射出广东在改革开放进程中努力优化营商环境、推动经济高质量发展的奋斗历程。"新行当"序列则瞄准新经济大潮中涌现的新行业精选代表人物。他们中有电子竞技教练、无人机飞手，也有共享单车管理员、3D 打印专家、电商培训师。一人一行业，折射了大时代大众创业、万业奋发的时代风貌。

收官特辑围绕"四个方面工作要求"讲述了 20 位代表人物的改革开放新愿景。无论是大桥建筑师，还是科创带头人；无论是乡村创业者，还是基层工作者，讲述的都是新时代"我们"的故事。四个大版大标题《潮起大湾区　我们来搭桥》《工业机器人　我们来补心》《田地装大脑　我们当神农》《党员智囊团　我们当引擎》，标题中一个个"我们"巧妙嵌入、排比搭配，把一个个小人物归结回"我们"，为《我们的新时代》画上了一个圆满句号。

## 小故事讲述大历史

《我们的新时代》不是板起面孔讲历史，不是平铺直叙夸成就，而是通过讲故事来讲历史，通过讲故事来讲发展。报道在写作技巧和编辑手法上特别注重呈现真实的故事、生动的细节，以此生动描摹出改革开放 40 年壮丽画卷。

如"40 位奋斗者故事""新生活"主题序列中，对标"在营造共建共治共享社会治理格局走在全国前列"重要指示精神，报道将主人公分别锁定为 110 报警台首批接线员、星海音乐厅主任、空气质量预报员、图书馆馆长、中学老校长等，用这些普通人的故事折射城建、治安、卫生、环保、文化等方方面面的进步和发展。"为什么报警台是 110？因为老式转盘电话拨 11 最快""广州 110 首次接警一通电话吓跑小偷"……在全国首批 110接线员杨蕴华的奋斗故事中，一系列鲜有曝光的细节真实有料，行文笔触生动细腻，娓娓讲述的故事让读者共鸣强烈。

不仅有人，还要见事。为将普通人的故事融入时代洪流之中，我们要求每篇人物故事均配合改革开放的背景底色，即相关领域的发展大事记、数据图说等。如在"新发展"序列中，瑞松科技董事长孙志强、广汽集团董事长曾庆洪、格兰仕总裁梁昭贤等奋斗者的故事就分别对应"供给侧结构性调整""从广东制造到广东智造""民企发展大事记"等背景底色。

## 小版面升华大主题

贯穿 2018 年全年的《我们的新时代》始终坚持高质量、高标准，力求以专业新闻技巧推出打动人、说服人、激励人的主题宣传报道，特别注重精心创意、巧妙包装。尤其是 2018 年 12 月 18 日的收官特辑《再出发》主题报道，将百人故事系列推向高潮。

当日封面紧紧契合"再出发"主题，选择百人故事系列中的代表人物昂首前行的群像展开设计。这些人中，有身着警服的 110 接线员，有正在大桥上施工的建设者，有民营企业家、无人机飞手、共享单车管理员……他们昂扬奋进的姿态，烘托出了南粤大地改革开放"再出发"的主题。

内版除 20 位代表人物谈愿景外，还用两个对版对《我们的新时代》全年系列进行了回顾和升华：一个版《我们的新时代》大述评，一个版《我们的新时代》群英谱，集纳 80 名主人公形象，为持续全年的报道画上了"大团圆"的句号。

为增强传播力，《我们的新时代》还在《广州日报》客户端推出《穿越40 年，你想成为谁？》"年代秀"H5 游戏，从改革开放 40 年的四个年代"80 年代""90 年代""00 年代""10 年代"出发，每个年代选取三个有代表性的职业，使用人脸融合技术，邀请读者变身为雅马哈鱼档"个体户"、"网红"、快递小哥等从业者，从中体验 40 年来的巨大变迁和伟大进步，获得粉丝受众广泛参与。

我们的故事最动人，奋斗的故事最精彩。《我们的新时代》百人故事系列执行跨度长，稿件序列多，堪称历年来《广州日报》统筹难度最大的主题报道系列之一。为确保生产精品、做到风格统一，编辑团队采取统筹编辑负责制，几位时政编辑全程接力统筹、改稿提升、精心编辑，保证了系列报道的高质量。

凭借高站位、巧创意，《我们的新时代——改革开放四十年 奋斗广东 再出发》全年系列报道获得上级宣传部门高度评价和受众认可。作品荣获2018 年度广东新闻奖系列报道类二等奖，12 月 18 日《再出发》"导读与索引"版获得广东新闻奖版面类二等奖。

# 第三章

# 对地方领导同志的报道

拙著所说的地方领导同志，主要指在地方各级党委、国家机关和政协任职的领导干部。作为掌握公共权力的公众人物，推进党和国家事业发展的中坚力量，端正党风政风的"关键少数"，他们的一言一行特别是决策都会产生不同程度的影响。比如，领导同志参加的会议通常用来研究和决定关系重大公共利益的事项，包括重大事项决策、重要干部任免、重大项目投资决策和大额资金使用等，是公众关注的焦点，新闻价值和宣传价值很高。

## 第一节　严格按中央要求报道

报纸对地方领导同志的报道是政治性很强、各方关注、影响较大的重点工作。做好对领导同志的报道，对于宣传党的理论和路线方针政策，把党委和政府的声音传播到千家万户，反映领导干部不忘初心、执政为民的情怀和事迹，树立党和政府的良好形象，坚持正确的舆论导向，鼓舞、凝聚人心，维护社会和谐稳定，促进领导干部提高长期执政能力，指导、推动各项事业的发展，都具有重要意义。

## 一、如何做好对领导同志的报道

2012 年 12 月，十八届中央政治局召开会议，审议通过了中央政治局关于改进工作作风、密切联系群众的八项规定，其中第六项要求改进和精简对领导同志的报道。2016 年 10 月，十八届六中全会审议通过的《关于新形势下党内政治生活的若干准则》提出："党内不准搞拉拉扯扯、吹吹拍拍、阿谀奉承。对领导人的宣传要实事求是，禁止吹捧。"① 2017 年 12 月发布的《中共中央政治局贯彻落实中央八项规定的实施细则》，具体阐明了改进对中央政治局委员新闻报道的方案，并要求各地区各部门严格按照该细则，结合实际情况，制定涵盖各级领导干部的更加具体、更便于操作的贯彻落实办法，狠抓落实，确保抓出成效。②

中央八项规定以及实施细则先后出台后，各地党委、各部门根据中央精神，也先后出台了涵盖各级、各部门领导干部报道的相应的落实办法。例如，福建省 2012 年出台的贯彻落实八项规定的办法提出：简化省领导活动新闻报道，进一步压缩数量、字数和时长，可刊播简短消息或标题新闻，一般性会议和活动不作报道。省领导参观展览、出席一般性文艺活动，一律不作报道。省领导给部门、地方的指示、批示等一般不作报道。③

## 二、当前对地方领导同志的报道有喜有忧

近年来，各级各类报纸根据中央八项规定以及实施细则，遵循新闻规律和宣传规律，积极对地方领导同志的报道加以改进、创新，取得一定成效。

有的报纸善于把"国之大者"和领导同志的言行紧密结合起来，找准领导同志公务活动的闪光点，报道切入角度新颖、小巧，立意和新闻、宣传价值都比较高。典型的如，江西日报社记者刘勇在该报 2018 年 10 月 9 日第 1 版发表新闻特写《"我们就是要给创新人才以主角光环"》，生动报道了

① 《中共十八届六中全会在京举行》，《光明日报》，2016 年 10 月 28 日第 1 版。
② 《中共中央政治局贯彻落实中央八项规定的实施细则》，同济大学图书馆，http：//www. lib. tongji. edu. cn/newlib/index. php？Classid。
③ 兰锋：《福建省委办公厅　省政府办公厅印发贯彻落实〈八项规定〉的办法》，《福建日报》，2012 年 12 月 28 日第 1 版。

时任江西省委书记刘奇在和省科技奖获奖代表合影时的一则花絮——他特意请一等奖获得者坐正中间，表示党委和政府对知识、人才的尊重。这个特写小中见大，可读性强，接地气，既生动形象地展示了领导同志个人的良好形象，也有利于在社会形成尊重人才、尊重创新的氛围。

有的报纸能坚持群众观点，从读者的视角来报道领导同志的公务活动，努力挖掘读者感兴趣的东西，写法上也追求鲜活、生动、简练，增强报道的可读性。湖北日报传媒集团编委办的傅洪波、殷秋丽介绍，该报不把省领导是否出席作为会议或活动报道规格的唯一标准，而是注重依据新闻价值，放大党报要闻版的民生情怀，让一些在全省甚至全国有示范意义的典型经验和重大事件，以及一些关乎民情民意民生的鲜活新闻在头版头条亮相。2022 年 6 月 2 日第 1 版，占据正头条位置的是综述稿《从城市品牌到品牌城市，区域发展如何破圈——让"世界的屈原"为宜昌代言》，省委省政府主要领导活动稿分别安排在右头及正头下部。该报报道领导同志公务活动时，重点关注有新闻价值的内容，不说空话套话，表达言简意赅。2022 年 6 月 12 日，该报第 1 版稿件《省委常委会召开会议》，字数仅 591 字。消息稿简化程序性报道，时效性强，且突出重点，第 3 段 339 字准确报道会议的核心要义，简洁明了，不拖泥带水。2022 年 7 月 2 日，《习近平谈治国理政》（第四卷）在湖北首发。活动结束后，该报第一时间在新媒体刊发市民踊跃购买图书的情况，将镜头对准购买图书的普通市民，突出活动本身，未对领导出席作突出报道。①

不少报纸的新媒体还充分利用 H5、漫画、动漫视频、图解等形式，将传统媒体报道中比较严肃的领导形象，变得更接地气、更平易近人、更有温情，受到读者的欢迎。

还要指出的是，对领导同志的报道，除了要坚持讲政治、严守宣传纪律、表述严谨准确等原则，还应当立体、生动、丰富地展现他们的领导形象，充分展示他们可亲可敬的人格魅力。目前各报对领导同志的报道，绝大多数集中在公务活动中，相关的学术研究也基本聚焦在这一块。事实上，领导同志也是有喜怒哀乐、吃人间五谷的凡人。只要记者平时注意观察，用心挖掘，积极作为，领导同志日常生活中的部分言行，比如家风建设、休闲阅读活动等，还是有不少值得报道、可以报道、报道得出新出彩之处

---

① 傅洪波、殷秋丽：《抓"活鱼" 炼"价值"——湖北日报改进领导活动和会议报道的探索》，《新闻前哨》2023 年第 1 期。

的。比如 2013 年 12 月 28 日，习近平总书记到北京市考察供热企业和敬老院，中午到庆丰包子铺月坛店吃便饭，《北京日报》次日刊发通讯《习总书记排队点餐取餐全程自己来》，其中一个细节提到，总书记吃得特别干净，芥菜连一个叶儿都没剩下，炒肝的碗里也特别干净。这就生动体现了领导干部节约粮食的生活作风。

当然，我们也要看到，由于种种原因，也有部分报纸没有严格执行中央、各地、各部门制定的落实中央八项规定实施细则，有的方面的老问题更加严重，有的方面还出现了新问题。部分报纸对领导同志的报道，数量过多，形式化严重，官话套话连篇，新闻价值不高，可读性较差，阿谀奉承味较浓，严重脱离群众、脱离实际，违背新闻规律和宣传规律，传播效果不佳；一些报道塑造的领导形象或生硬呆板、高高在上、不接地气，或矫揉造作、过度拔高、不合常理，有的甚至出现"低级红"。上述问题亟待改进。

既然定出了制度，就应当严格执行。中国共产党是执政党，各级党委制定并公开发布的制度是十分严肃的。如果形同虚设，只是做个样子，或执行打折扣，那只会损害党的形象和公信力。

## 第二节　改进对地方领导同志的报道

报纸要克服当前对地方领导同志报道存在的上述问题，需要坚定贯彻"多报道人民群众"的马克思主义新闻观。这是我党一个重要的新闻观、宣传观，从中华人民共和国成立之初提出，迄今已逾 70 年。

### 一、"多报道人民群众"源于马克思的人民报刊思想

作为革命民主主义者，在反对德国封建专制的斗争中，马克思提出了"人民报刊"的思想。1843 年，马克思在《〈莱比锡总汇报〉在普鲁士邦境内的查禁》一文中提出："报刊只是而且只应该是'人民（确实按人民的方式思想的人民）日常思想和感情的'公开的'表达者，诚然这种表达往往是充满激情的、夸大的和失当的'……它生活在人民当中，它真诚地同情

人民的一切希望与忧患、热爱与憎恨、欢乐与痛苦。"①

以毛泽东为首的中国共产党人在革命斗争年代的新闻实践中，继承和发展了马克思主义新闻观。1942 年 4 月《解放日报》改版社论首次明确提出，党报必须具有群众性（还要有党性、战斗性和组织性）；报纸要"密切地与群众联系，反映群众的情绪、生活需求和要求，记载他们的可歌可泣的英勇奋斗的事迹，反映他们身受的苦难和惨痛，宣达他们的意见和呼声"②。

1978 年 12 月，十一届三中全会通过的会议公报指出："根据党的历史的经验教训，决定健全党的民主集中制，健全党规党法，严肃党纪……全国报刊宣传和文艺作品要多歌颂工农兵群众，多歌颂党和老一辈革命家，少宣传个人。"③

1990 年 3 月 12 日，《中共中央关于加强党同人民群众联系的决定》提出："电视、广播、报刊要多宣传群众，充分反映广大工人、农民、知识分子、解放军指战员的创造性劳动、先进思想和模范事迹。领导同志的一般性活动和一般性工作会议，不作公开报道。"④

2000 年 1 月，时任中共中央总书记江泽民在《通报中央政治局常委"三讲"情况的讲话》中指出："现在上上下下的电视、报纸报道我们领导人的活动太多，群众有反映……这件事也要从我们常委带头做起，制定一个办法，尽量简化，比如说在报道的篇幅上做个限制。"⑤

2002 年 11 月，胡锦涛同志当选为中共中央总书记。2003 年 4 月，中共中央办公厅印发的《关于进一步改进会议和领导同志活动新闻报道的意见》中指出，会议和领导同志活动的新闻报道过多过长影响宣传效果的问题比较突出，干部群众意见较多。中央要求，把进一步改进会议和领导同志活动的新闻报道工作，作为密切党同人民群众联系的一件大事来抓。要按照坚持正确舆论导向、从工作需要出发、注重新闻价值和社会效果、精简务

① 马克思、恩格斯著，中共中央马克思恩格斯列宁斯大林著作编译局编译：《马克思恩格斯全集》（第 1 卷），北京：人民出版社 1995 年版，第 352 页。
② 中国社会科学院新闻研究所编：《中国共产党新闻工作文件汇编（1921—1949 年）》（下），北京：新华出版社 1980 年版，第 50－51 页。
③ 中共中央文献研究室：《十一届三中全会以来重要文献选读》，北京：人民出版社 1987 年版，第 13 页。
④ 中共中央文献研究室编：《十三大以来重要文献选编》（中），北京：人民出版社 1991 年版，第 938－939 页。
⑤ 江泽民著：《江泽民文选》（第二卷），北京：人民出版社 2006 年版，第 574 页。

实的原则，切实加以改进，使新闻报道更好地贴近实际、贴近生活、贴近群众，更好地为人民服务、为社会主义服务、为党和国家工作大局服务。该意见在提出精简会议和领导同志活动新闻报道的具体措施后还提出，地方媒体的新闻报道更要贴近实际、贴近生活、贴近群众，多反映基层干部群众的生动实践和新鲜经验，多为人民群众的工作、学习、生活提供健康有益的新闻信息。①

2012 年 11 月，习近平同志当选为中共中央总书记。12 月，中央政治局召开会议审议通过的《中央政治局关于改进工作作风、密切联系群众的八项规定》要求："要改进新闻报道，中央政治局同志出席会议和活动应根据工作需要、新闻价值、社会效果决定是否报道，进一步压缩报道的数量、字数、时长。"②

2013 年 8 月，习近平总书记在全国宣传思想工作会议上要求："要树立以人民为中心的工作导向，把服务群众同教育引导群众结合起来，把满足需求同提高素养结合起来，多宣传报道人民群众的伟大奋斗和火热生活，多宣传报道人民群众中涌现出来的先进典型和感人事迹，丰富人民精神世界，增强人民精神力量，满足人民精神需求。"③

## 二、"多报道人民群众"不但是新闻职业道德准则，还是重要的报道、宣传艺术

根据习近平总书记对新闻工作的指示精神，中华全国新闻工作者协会 2019 年 11 月修订的《中国新闻工作者职业道德准则》第一条要求："坚持以人民为中心的工作导向，把人民群众作为报道主体、服务对象，多宣传基层群众的先进典型，多挖掘群众身边的具体事例，多反映平凡人物的工作生活，多运用群众的生动语言，丰富人民精神世界，增强人民精神力量，满足人民精神需求，使新闻报道为人民群众喜闻乐见。"④

---

① 中共中央文献研究室编：《十六大以来重要文献选编》（上），北京：中央文献出版社 2005 年版，第 285 - 290 页。

② 《中共中央政治局召开会议》，《人民日报》，2012 年 12 月 5 日第 1 版。

③ 《胸怀大局把握大势着眼大事 努力把宣传思想工作做得更好》，《人民日报》，2013 年 8 月 21 日第 1 版。

④ 《中国新闻工作者职业道德准则》，《新华每日电讯》，2019 年 12 月 16 日第 3 版。

**（一）是由人民群众、党的领导干部和新闻媒体这三者各自的角色定位决定的**

（1）人民群众是历史的创造者和主要推动力量，是国家的主人，是建设中国特色社会主义的主力军和推进改革开放大业最生动的实践者，是党全心全意服务和依靠的对象，是党长期执政的最坚定基础、党长期执政智慧和长期执政能力的最大来源，是党的新闻、宣传工作的主要受众、主要受益者和工作成效的主要检验者，理所当然要成为新闻报道的主角。

（2）党始终代表最广大人民群众的根本利益。对地方各级领导干部来说，一切权力都是人民赋予的，领导干部是人民的公仆。

（3）从我国新闻媒体的性质来看，媒体是党和人民的喉舌，是党密切联系群众的桥梁，不是少数人的私器。媒体要全心全意为人民服务，为社会主义服务，为党和国家工作大局服务，不要为少数人服务。

概括地说，"多报道人民群众"是历史唯物主义的要求，是党的"一切为了群众，一切依靠群众，从群众中来，到群众中去"的群众路线在新闻、宣传事业中的反映，是马克思主义新闻观的基本观点，是社会主义媒体要坚持的一条重要的政治原则。

**（二）对地方领导个人的报道泛滥，违背了新闻、宣传规律**

对部分地方领导的报道过多过滥，不论对党的事业，对人民群众，对领导个人，对报纸，都是"共输"，害处颇大。

这些害处主要表现在：第一，强化了个别地方领导干部的特权观念，破坏了党和群众的血肉联系，不利于进一步推进社会主义民主政治建设和新闻改革。第二，容易引发受众的逆反心理，令受众反感，反而损害领导同志在群众心目中的形象。第三，极易让其中真正有传播价值、受众感兴趣的"闪光点"淹没在茫茫信息海洋里，让受众不得要领，反而达不到预期的传播效果。第四，对领导个人的报道过多过长，挤走、弱化了大量有新闻价值的报道，受众对报纸不满意，必然削弱报纸的"四力"。

## 三、"多报道人民群众"在实践中难以很好贯彻的原因

"多报道人民群众"是改进地方领导同志报道的一个重要方面和突破口。新中国成立以来，各级各类报纸在这个问题上作了不少有益的探索，

也取得了一定的成绩，但总体上与中央的要求、群众的期望还有较大距离。

造成这个现象主要有两个方面的原因：

### （一）不少报社不敢、不擅或不愿作为

"多报道人民群众"，报社要充分发挥积极性、主动性和创造性，拿出决心和智慧，群策群力，以实际行动促进这一改革取得实质性进展。

然而，不少报社在改革面临困境之时，不敢、不擅或不愿作为。这里又分几种情况：

有的报社相关人员认识到改革的必要性，也愿意改革，但过于计较自己的利害得失，担心操作起来把握不好，影响自己的前途，不敢放手去做，或浅尝辄止，稍遇不顺就回头。

有的报社相关人员在改革前筹划不够周密，未与有关领导作充分沟通，操之过急，方法失当，导致改革因未能取得有力的支持而失败。

有的报社相关人员因循守旧，不思进取，抱着"不求有功，但求无过"的态度，得过且过。

还有的报社相关人员抱着一己私利，试图以对领导同志活动高规格、高频率、大块头的报道和宣传取悦对方，甚至非但不愿进行改革，反而强化原有的老套路。

### （二）少数地方领导干部没有摆正位置，媒介素养也比较欠缺

少数领导干部还不能正确认识人民群众的地位和作用，还没有摆正自己的位置，很在意自己在媒体亮相时的"规格"，认为媒体对自己活动的报道少了、短了就是不尊重自己的权威。

此外，部分领导干部的媒介素养还亟待提高。比如，有的领导干部不了解新闻规律和宣传规律，错误地以为，领导同志的有关报道在报纸版面上的位置越突出，占的"块头"越大，宣传效果越好，越有利于领导同志在群众中树立威信，而不考虑这类报道有多少"含金量"，群众接不接受，结果常常导致适得其反的效果。

## 四、报社要积极实践"多报道人民群众"

当前部分报社以官本位思想指导工作，而不是以广大群众高兴或不高兴、赞成或不赞成为标准，导致大量报道、宣传脱离实际，脱离生活，脱

离群众。"对各种会议和领导活动的报道空洞冗长""报喜不报忧""语言程式化"等一系列问题都源于此。

### （一）切实贯彻落实"以人民为中心"的马克思主义新闻观

当前，报纸应切实贯彻落实"以人民为中心"的新闻观、宣传观，在坚持正确舆论导向的前提下，讲究宣传艺术，努力按新闻规律报道，努力增强报道的亲和力、吸引力和感染力，努力以人民群众喜闻乐见的形式和语言，多报道他们火热、生动、有代表性的劳动和生活，多报道他们想知道和应当知道的新闻信息。报道地方领导同志时，应抓住那些对工作有指导意义、深入基层为群众解决生产生活困难和群众关心的实质性内容，抓住那些领导干部为民服务的感人故事和生动形象的语言、细节，抓住那些能充分体现领导干部优良作风（包括家风）的言行举止。

报纸应以人民群众的根本利益和媒体的长远发展为重，开动脑筋，积极作为，善于利用自己独特的资源，讲究方式、场合和时机，由易到难，循序渐进，设法使一些领导干部逐渐转变观念，提高媒介素养，使其切身感受到改革的好处，慢慢赢得其对改革的理解和支持。比如，将受众问卷调查结果呈报有关领导，使其知道群众的喜好。

事实上，不少高级领导干部很清楚当前报纸报道的相关积弊，这就为报纸的改革提供了良好的机遇和有力的支持。例如，2022 年 5 月 20 日，内蒙古自治区党委书记孙绍骋在内蒙古日报社、内蒙古广播电视台考察时提出，关于他的活动的报道越短越好，让人们知道干了什么就行，应把更多版面时段留给人民群众。① 他的这番讲话获得舆论高度赞誉。

### （二）"多报道人民群众"，应通过调整报道数量来提高宣传、报道的质量和传播效果

一家报纸的报道容量是有限的和相对固定的，只有下决心减少对地方领导的报道量，才有可能增加对人民群众的报道量。

当然，"多报道人民群众"是针对长期以来部分报纸对地方领导的活动报道量过大、内容过于空泛、传播效果不理想等种种弊端提出的，并非要求一味减少对地方领导的报道量。要根据宣传方针和新闻传播规律、地方

---

① 刘晓冬：《孙绍骋走访中央驻区和自治区主要新闻单位》，《内蒙古日报》，2022 年 5 月 21 日第 1 版。

领导活动的性质和重要程度，以及报纸的定位和实际情况来调整。当长则长，比如充分报道那些能生动形象地展现地方领导执政为民的先进事迹；该短则短，比如简化报道地方领导单纯行踪性的活动；不必报的不报，比如略去地方领导走过场的讲话。

同时，"多报道人民群众"不是简单要求增加对群众生产、生活的报道量，胡子眉毛一把抓，而是要精心提炼能真实反映群众的喜怒哀乐，能生动体现群众在创造新生活中表现出的智慧和力量，能充分说明群众在新时代中国特色社会主义建设中做出的光辉业绩的那些内容，通过新鲜活泼的语言和形式予以表现。

总之，既要把人民群众作为报道的主体，又要充分报道地方领导有新闻价值和宣传价值的活动，根据实际情况，把二者有机结合起来，实现良好的传播效果。

改进对地方领导同志的报道是新闻改革的一个关键和老大难问题。如果"多报道人民群众"在广大报纸得以全面、深入和切实地落实，啃下这块硬骨头，我国新闻、宣传改革必将取得具有转折性意义的突破，报纸的面貌必将焕然一新，其"四力"必将大大提高。

第四章

# 舆论监督报道

　　拙著考察的舆论监督，主要指报纸对发生在本级党委、政府管辖的行政区域的各类违法、违规、违纪行为的公开报道（含照片）和评论，以及刊发的反映各类违法、违规、违纪行为的读者来信，不包括对该行政区域外的相关报道、评论和各地各单位主动发布的关于各类违法、违规、违纪行为的信息。

　　有人认为，报纸的公开报道和评论不宜涉及舆论监督，相关问题可以通过记者的内参来反映，这种观点值得商榷。报纸内参只送少数领导人参阅，甚至只送极个别主要领导人看，如果他们不作批示、不表态，或表示不打算处理，内参发挥的作用就相当有限。另外，有的内参即便领导作了批示，如果没有严格督办，也未必能起到有力的作用。公开的舆论监督能产生的"千夫所指"的巨大舆论力量，是仅供内部少数人参阅的内参不可比拟的，内参绝不能替代舆论监督。当然，有的关系重大、较为敏感、公开后影响难以估计的内容的确不宜公开见报，以内参为好。但是，总的来说，能公开报道的应当尽量公开，以充分发挥公开报道无可替代的威慑力。

# 第一节　舆论监督若干问题

## 一、舆论监督的主体和客体

舆论监督来自传统媒体，也来自其外的网络；舆论监督的对象，除了党政机关和领导干部，也包括其他组织和个人。

21世纪以前，开展舆论监督的主体基本上是传统媒体。21世纪以来，其他各类组织和个人开展的舆论监督逐渐增多，最近十多年更呈爆发式增长，内容主要发布在自媒体或传统网站。比如，有的个人在某门户网站的公共论坛发帖，有的民营企业在本企业微信公众平台发文，对当前发生的热点问题进行讨论。2010年12月，国务院新闻办发布的《中国的反腐败和廉政建设》白皮书指出，"网络监督日益成为一种反应快、影响大、参与面广的新兴舆论监督方式"①。党的十八大以后，这种监督一般被称为互联网监督。

根据监督对象的不同，舆论监督的客体主要包括党政机关、事业单位、国有企业和行使公权力的个人，也包括其他各类组织和个人，比如生产、销售劣质食品的企业或个体商户，偷工减料的房地产开发商。可以说，违法违规、违反道德的组织和个人，社会各种丑恶现象，原则上都可以成为舆论监督的对象。

## 二、舆论监督的性质、地位和职能

舆论监督是公民的法定权利；是社会主义新闻事业的重要职能，加强党建和民主政治建设的重要内容，党和国家监督体系的重要环节；是党和政府借以了解百姓心声、发现自身不足并改进工作、引导社会舆论、维护安定团结、推进国家治理体系和治理能力现代化的重要途径；是揭露各种社会丑恶现象、保障和改善民生的重要武器。

---

① 《中国的反腐败和廉政建设》，《光明日报》，2010年12月30日第8版。

宪法规定，公民有言论、出版、集会等自由；公民对于任何国家机关和国家工作人员，有提出批评和建议的权利。舆论监督是习近平总书记提出的"人民监督权力"的一个重要渠道，舆论监督权实质上就是宪法规定的公民基本权利的具体体现，不论是通过公共媒体还是自媒体来行使。

坚持以人民为中心的工作导向，是社会主义新闻事业的一大特征。代表公共利益的媒体开展舆论监督，正是代表人民行使监督权，所以，对媒体来说，舆论监督是应当承担的重要义务。

新时代党的建设，要全面推进党的政治建设、思想建设、组织建设、作风建设、纪律建设，把制度建设贯穿其中，深入推进反腐败斗争，把党建设得更加坚强有力。人民当家作主是社会主义民主政治的本质和核心，民主政治建设必须坚持党的领导、人民当家作主、依法治国有机统一。行政权力不受制约必然产生腐败，媒体代表人民对党和政府的工作进行监督，可以遏制腐败现象，有利于促进从严管党治党，有利于加强党的长期执政能力、提高长期执政水平，有利于维护法治，有利于巩固人民主人翁地位。

党内监督、人大监督、民主监督、行政监督、司法监督、审计监督、财会监督、统计监督、群众监督、舆论监督，共同构成党和国家的监督体系。舆论监督以其独特的作用，成为其中重要的、不可替代的环节，可以有效弥补其他环节的不足。

舆论监督能监测和守望社会环境，及时反映各界的意见、建议，促使党和政府防患未然、补缺堵漏，促进各方面工作；能对行政权力进行制约和监督，促进各类问题和矛盾的化解，保障公民、法人和非法人组织的合法权益，密切党和政府同人民的联系；能通过扶正祛邪，充当社会的"减压阀"，维护和谐稳定的社会秩序，巩固主流价值观的主导地位；能通过曝光社会存在的各种"假恶丑"，协助政府打击食品安全、医疗、房地产等领域的不法不良行为，推动各项民生事业的开展。

## 三、媒体开展舆论监督的原则、方法和重点

媒体进行舆论监督，要遵守新闻纪律。要有强烈的社会责任感，出发点是积极的、有建设性的。调查要认真、深入，做到事实准确、分析客观，坚持正确的舆论导向，体现时度效要求。监督的重点是重大问题、典型事件。

鉴于舆论监督的特殊性，作为党领导下的社会主义国家的媒体，进行

相关报道要特别注意严格遵守新闻宣传纪律，维护党的大政方针，遵守国家宪法和法律法规，不弄虚作假。

在我国，媒体属社会公器，党媒是党、政府和人民的喉舌耳目。媒体进行舆论监督，应当是为了维护公共利益和人民合法权益，为了推动国家发展和社会进步，不能为个人或小团体谋私利。

正因为舆论监督是批评，社会关注度高、产生的社会影响力大，被批评的当事人不但会受到舆论谴责，还可能面临党纪、政纪甚至刑事处罚，对涉及的有关地方、组织等也可能产生负面影响。所以，媒体进行舆论监督，要格外理性、认真，努力做到全面、客观、公正，准确把握好报道的最佳时机、分寸和舆论导向，使报道产生预期、积极的实效。

舆论监督的对象林林总总、大大小小。媒体应当特别注意抓住那些严重违反党和国家方针政策、严重损害公共利益、群众长期反映强烈的重大问题、典型案例，予以公开批评，促使相关党委、政府等及时处理，这样的舆论监督可以起到事半功倍的效果。

## 四、党委、政府和领导干部对待舆论监督的态度

党委、政府和领导干部要以"闻过则喜"的态度，欢迎、支持、善用舆论监督，包括互联网监督，努力为舆论监督创造良好的政治环境。要掌握和尊重新闻传播规律，对媒体持开放、开明的态度，加强和媒体打交道的本领。

正如习近平总书记 2019 年在中央政协工作会议上所指出的那样："能听意见、敢听意见特别是勇于接受批评、改进工作，是有信心、有力量的表现。……对各种意见和批评，只要坚持党的基本理论、基本路线、基本方略，就要让大家讲，哪怕刺耳、尖锐一些，我们也要采取闻过则喜的态度，做到有则改之、无则加勉。"[①] 党委、政府和领导干部应当欢迎舆论监督。首先，这是由党的根本宗旨决定的。党和政府是全心全意为人民服务的，公职人员手中的权力都是人民赋予的，必须自觉接受人民的监督。其次，有利于党委、政府和领导干部了解情况、改进工作、遏制腐败、加强法治。公职人员限于自己的视野、接触面或其他原因，不一定能全面、深入了解各方面工作和社会中存在的各种问题，这时舆论监督就能发挥"船

---

① 习近平：《在中央政协工作会议暨庆祝中国人民政治协商会议成立 70 周年大会上的讲话》，《求是》2022 年第 6 期。

头瞭望者"的警示作用。最后，有利于保障舆论监督的正常开展。领导干部掌握和尊重新闻传播规律，认识到舆论监督的价值所在，真心欢迎和支持它，舆论监督会做得更好。

各级党政机关和领导干部，不但要欢迎和运用公共媒体开展的舆论监督，也要欢迎和运用民间自发进行的互联网监督。近年来，公共媒体开展的舆论监督在逐渐弱化，而随着移动互联网的快速发展，互联网监督已成为舆论监督的常态，每每会引发舆论的巨大反响和公共媒体的跟进。对于互联网监督发挥的积极作用，党政机关和领导干部应当予以正视。当然，鉴于互联网监督的低门槛，也存在一些不容忽视的问题，如夸大事实甚至捏造事实等，近年来因此造成相关报道事实"反转"的情况时有所闻，相关部门应当采取措施予以规范。

## 五、新时代加强和改进舆论监督的关键

加强和改进舆论监督的空间还很大，要加强相关制度建设，不断提高舆论监督水平。舆论监督还要和党内监督等其他监督配合，共同形成科学有效的监督体系。

目前舆论监督存在制度缺失、数量偏少、水平不高等问题，还不能充分发挥其应有的作用，与中央的要求、人民的期盼还有较大距离，亟待加强和改进。

加强制度建设是加强和改进舆论监督的关键。制度具有根本性、全局性、稳定性和长期性的特点。要想保障舆论监督长期开展，只有加强制度建设，使舆论监督走上法治化、制度化、规范化的道路，依靠制度的强大力量为舆论监督保驾护航。

当前，要构建党统一指挥、全面覆盖、权威高效的监督体系，只有把党内监督同国家机关监督、民主监督、司法监督、群众监督、舆论监督等各类监督贯通起来，使各种监督有机配合，才能增强监督合力。

## 六、舆论监督和正面宣传的关系

舆论监督和正面宣传都是媒体的重要功能，二者是统一的。要坚持以正面宣传为主的方针。

不论是正面宣传还是舆论监督，都是媒体固有的本职工作、党的新闻舆论事业的重要组成部分，都是为了实施党的方针政策、推动中国特色社

会主义事业发展、保障人民幸福安康。二者不是对立的，而是有机统一于党性原则指导下殊途同归的新闻实践中。要统筹好舆论监督和正面宣传，使二者密切配合、相辅相成。

当然，媒体必须坚持以正面宣传为主的基本方针。这是因为，在我们国家，积极正面的人物、事物是主流；同时，我国正面临百年未有之大变局和严峻挑战，必须通过以展现光明面为主的新闻舆论，更好地激发和凝聚全党、全国人民团结奋斗的强大力量。

# 第二节　报纸舆论监督弱化的原因

目前报纸舆论监督出现弱化，甚至部分报纸舆论监督功能基本丧失的现象，主要表现在：部分报纸基本不开展舆论监督，包括不刊发反映问题的读者来信；少数从事舆论监督的报纸，相关报道和读者来信的总体质量也有待提高，关注的领域有待拓展。相当多的舆论监督关注点偏小，不痛不痒，可有可无，意义不大。

## 一、内部因素

内部因素主要指报社领导层、中层干部和采编人员对舆论监督的态度。他们的态度直接决定了舆论监督的数量和质量。

一些报社领导层、中层干部担心做舆论监督会被上级批评，不但影响自己的仕途或其他切身利益，还可能因得罪地方、企业等而影响报社经济收入，所以不支持做舆论监督。

有的报社表面上重视舆论监督，实际上制定了十分严苛、对舆论监督进行层层管控的制度，让记者难以采访、发稿。具体来说，有以下几方面的问题：

其一，有的报社要求记者做舆论监督前，先向部门领导和报社分管领导报题。

这样做固然是为了慎重行事，但如果相关领导怕惹麻烦，或与被监督对象有利害关系，或对这个选题没有进行全面深入的思考，认识有误，就可能否决选题。甚至有人可能向被采访对象通风报信，干扰记者采访。笔者认为，事先报题是弊大于利。记者有采访意愿，可以先采访，把稿子写出来，能不能用由编辑部、编委把关。从采编实践来看，有的选题没写出稿之前，相关领导认为不行；一旦他看到具体生动的稿子，常常又表示认可。

其二，即便采编人员报的舆论监督选题获得通过，有的报社还要求至少两名记者同行。从表面上看这样有利于保障采访的客观公正，但不太切合实际，不符合新闻生产的客观规律。

做舆论监督容易得罪被批评的对象，他们也往往竭力找报社的员工包括领导说情；如果记者坚持采写，还可能得罪报社同事甚至领导，所以愿意做舆论监督的记者不多，想找个搭档也更加不容易。就算有同事愿意做舆论监督，他对这个题材也未必感兴趣；就算他对这个题材感兴趣，他也有自己的工作安排，不一定能够按照约定的时间去采访。而有的题材如果没有及时采写，就可能失去最佳报道时机，甚至变得更难采写。特别是新闻具有突发性、不可预测性，如果一名记者在地方采访时，临时发现一个很好的舆论监督题材，要等报社再派一名记者来采访，就可能错失良机。而且，两人一起采访，有的报社在计算稿分时就要对半分，在冒着各种风险和压力、采访难度大、绩效又不高的情况下，很少有记者愿意接受同事邀请一起做舆论监督报道。2002 年 6 月 22 日，山西省繁峙县义兴寨金矿违规储存的炸药发生爆炸，导致 38 人不幸身亡。有几家媒体的 11 名记者在采访事故中被有关负责人及非法矿主收买，而中国青年报社记者刘畅 1 人采访就揭露了真相，这也说明舆论监督 2 人以上采访不一定就能保证客观公正，1 人采访也不一定就会出问题。

其三，记者采访结束后，写好的稿件要先给部门领导和报社分管领导审阅，过关后才能提交给编辑部，后面还有三审的程序，稿件可能会在任何一个环节被卡住。稿件的把关人越多，出问题的可能性固然越小，但稿件胎死腹中的可能性也越大，而且问题可能出在任何一名把关人的私心上。

在目前舆论监督举步维艰的情况下，这种烦苛的层层把关制度不但弊大于利，而且大大增加了采编成本，令不少记者望而却步。

记者虽然是进行舆论监督的主体，但他们毕竟也是食人间烟火的凡人。他们位居报社采编系统最基层，没有发稿权，进行舆论监督压力大、风险高、收益低，缺乏组织的强有力支持，所以积极性普遍不高，主要依靠记者的职业良知和社会责任感进行。同理，编辑也普遍缺乏相关动力。

## 二、外部因素

外部因素主要指一个行政区域相关部门领导，以及当地其他领导对舆论监督的态度。他们位高权重，对媒体能产生非常重要的影响。

一些地方和部门的领导干部由于媒介素养不足，不了解新闻规律和受众心理，没有认识到舆论监督所能起到的积极作用，片面认为"以正面宣传为主""坚持正确的舆论导向"就是尽量不作舆论监督；同时，缺乏应有的责任感和担当精神，担心舆论监督影响党和政府的形象，影响社会和谐稳定，影响上级对自己的看法以及其他切身利益，因而不支持舆论监督。

例如，有关部门人员有时要求媒体在某个特定时段不做舆论监督，生怕影响重大活动的顺利进行。其实，这是有关部门人员严重低估了经过新中国成立 70 多年风雨洗礼、已进入全媒体时代的公众的整体素质，特别是心理承受能力和全面深入看问题的能力。自党的十八大以来，中共中央纪委多次在全国两会召开期间和前后通报省部级官员落马的消息，特别是 2015 年全国两会期间，中央纪委宣布打落四"虎"——福建省原副省长徐钢、中石油原总经理廖永远、云南省委原副书记仇和、一汽集团原董事长徐建一。这些"负面新闻"从未影响社会和谐稳定、影响两会的顺利进行；恰恰相反，它们让公众更加清晰地看到了中央"打虎"的决心，增强了公众对中央的信任和支持，增强了公众对反腐败斗争必胜的信心。

# 第三节　用制度来保障和规范舆论监督

有人认为，党的十八大以来，党和国家事业已取得举世瞩目的成就，今后已不大需要媒体的舆论监督。这种看法是不全面的。党的二十大报告指出："必须清醒看到，我们的工作还存在一些不足，面临不少困难和问题。主要有：发展不平衡不充分问题仍然突出，推进高质量发展还有许多卡点瓶颈，科技创新能力还不强；确保粮食、能源、产业链供应链可靠安全和防范金融风险还须解决许多重大问题；重点领域改革还有不少硬骨头要啃；意识形态领域存在不少挑战；城乡区域发展和收入分配差距仍然较大；群众在就业、教育、医疗、托育、养老、住房等方面面临不少难题；生态环境保护任务依然艰巨；一些党员、干部缺乏担当精神，斗争本领不强，实干精神不足，形式主义、官僚主义现象仍较突出；铲除腐败滋生土壤任务依然艰巨；等等。对这些问题，我们已经采取一系列措施加以解决，今后必须加大工作力度。"① 报告要求，全党要"始终接受人民批评和监督"。可见，舆论监督依然任重道远、大有可为。

依法治国是党领导人民治理国家的基本方略。为了保障人民民主，必须加强法治，使民主制度化、法律化，因为法治具有公开、统一、稳定、权威、可预期等特点。而舆论监督正是人民行使民主权利的一种重要方式，这种方式也应当走法治化的道路。加强保障和规范舆论监督的制度建设，就是走法治化的道路，用法治而不是人治来解决问题。

## 一、新时代报纸加强和改进舆论监督的重要意义

### （一）全面贯彻落实中央要求加强和改进舆论监督的精神

从 1987 年党的十三大报告提出"发挥舆论监督的作用"开始，直到党的十九大，历次党代会报告都提到支持开展舆论监督；从江泽民、胡锦涛到习近平，三任总书记都多次强调，新闻媒体在坚持以正面宣传（报道）为主的同时，要加强和改进舆论监督。

"以正面宣传（报道）为主"有两方面含义：一是正面宣传（报道）要占报道的主要部分，二是正面宣传（报道）不占报道的全部。中央之所以多次强调加强和改进舆论监督，说明舆论监督数量偏少、水平不高。然而，长期以来，一些地方、部门和报纸对中央"以正面宣传为主，同时加强和改进舆论监督"的指示搞选择性执行，只贯彻有关精神的前一半，不贯彻后一半，事实上将"以正面宣传为主"变成"只做正面宣传报道"；同时，错误地认为做正面宣传才是"坚持正确的舆论导向"。这损害了中央的权威，损害了党和人民的利益，阻碍了新闻事业的发展。

报纸应当认真、全面地贯彻执行中央的方针政策，努力加强和改进舆论监督。

---

① 习近平：《在中国共产党第二十次全国代表大会上的报告》，《人民日报》，2022 年 10 月 26 日第 2 版。

（二）提高新闻舆论"四力"，增强报纸在市场竞争中的综合实力，树立报纸新形象

加强和改进舆论监督，是提高报纸内容吸引力、提高报纸综合实力的重要突破口之一。报纸如果能经常针对影响经济社会发展、党委政府和公众都关切的重要问题，选取典型案例，做好舆论监督，就容易引起读者的兴趣和共鸣，培养公众对报纸的尊重感、依赖感，提高对报纸的信任度、忠诚度，在全社会树立起报纸富有社会责任感、勇于和违法腐败现象作斗争、维护公平正义、维护人民群众合法权益和公共利益的良好形象。

报纸得到公众尊重、信赖和支持的程度越高，其"四力"就越强。在这种情况下，记者采访就更容易得到有力的支持，从而有利于提高采编质量；报社的广告业务和多元化经营等工作也更容易开展。这些都有利于报纸加强综合实力。

另外，有些西方国家攻击我国媒体没有新闻自由，一个重要的借口就是我国不少媒体基本上报喜不报忧，被认为在舆论监督方面受到严格管控。只有加强和改进舆论监督，才能树立包括报纸在内的中国媒体在国际新闻界的新形象。

（三）带动所在地媒体加强和改进舆论监督，保障公众和法人的合法权益；促进各个领域相关制度的完善，推动经济社会发展；促进党的建设和民主法治建设，加强党的长期执政能力

一般认为，作为党和国家监督体系的重要环节，舆论监督具有以下功能：

其一，通过对违反党的方针政策的言行进行批评，从另一个角度宣传党的方针政策，推动党的方针政策的贯彻实施。其二，发展社会主义民主、健全社会主义法治，对公权力进行监督和制约，使之在法治的轨道上运行，从而促进各类问题和矛盾的化解，保障公众和法人的合法权益。其三，加强党风廉政建设，密切党和政府同人民的联系，维护党和政府的良好形象。其四，监测和守望社会环境，反映各界的意见和呼声，提醒政府和公众密切注意当前影响经济社会发展的问题，以及各种新事物、新情况，及时总结反思，补缺堵漏，防患未然，促进地方各方面的工作。其五，弘扬正气，有效影响和引导公众的价值观和行为方式，巩固主流价值观的主导地位。

其六，充当社会的"排气阀"，将公众不满的各种违法违规行为和处理结果公开曝光，理顺情绪，化解矛盾，维护社会稳定。

一般来说，报纸管理较为严格，采编机制较为完善，采编人员素质相对较高，新闻报道能保持一定的水准。其舆论监督做得好，可以促进当地媒体舆论监督整体水平的提高，反过来为自身开拓更广大的作为空间。反之，如果报纸长期不做舆论监督，会产生多方面的不良后果，产生消极影响。这种不良后果体现在几个方面：

（1）对报纸自身来说，长期对各种违法违规行为视而不见，不敢发声，会导致"报格"萎缩，正义感和责任心不断弱化，逐渐丧失对公众利益的关注和敬畏，失去对各种问题和矛盾的敏锐感受力和批判力，报社整个采编系统产生惰性和畏惧心，人才素质下降，开展舆论监督的整体能力和水平大幅下降，甚至累及开展问题性报道（不属于舆论监督，如儿科医生紧缺的问题）的能力和水平。这样，报纸在公众中的形象和地位持续受损，"四力"持续下降。

（2）对公众来说，不能通过报纸反映其诉求、建议，等于失去了一种行使民主权利的有效途径，相关的问题和困难得不到及时、有效解决，他们的合法权益和公共利益就会受损。

（3）对党和政府来说，少了一个有力的监督者，一些工作上的错误和问题得不到及时和有力的纠正，违法违纪现象得不到及时处理，社会上出现的一些新问题、新情况、新现象得不到及时关注和应对，从而影响经济社会发展，影响社会和谐稳定。

## 二、完善顶层设计，建立健全保障舆论监督的法律法规，构建长效机制

### （一）法律层面

由全国人大常委会 2024 年 6 月修订、11 月 1 日开始施行的《中华人民共和国突发事件应对法》第八条规定："国家建立健全突发事件新闻采访报道制度。有关人民政府和部门应当做好新闻媒体服务引导工作，支持新闻媒体开展采访报道和舆论监督。新闻媒体采访报道突发事件应当及时、准

确、客观、公正。"①

这是我国首次在部门法立法中明确规定，政府应当支持媒体的舆论监督，可谓我国法治史、新闻史上的大事。2021 年 1 月 1 日起施行的《中华人民共和国民法典》第一千零二十五条规定，除捏造、歪曲事实等三种情形外，为公共利益实施新闻报道、舆论监督等行为不承担民事责任；此次突发事件应对法的修订和施行意味着，舆论监督有了法律层面进一步的保护和规范，具有里程碑式的意义，必将有力促进新闻事业的进步。现在的关键是，要在未来的实践中切实贯彻落实好这条庄严的法律规定。

### （二）中央层面

在党中央层面，2005 年 3 月 24 日，中共中央办公厅印发的《关于进一步加强和改进舆论监督工作的意见》，要求各级党委和政府、社会团体及其工作人员重视舆论监督工作，为采访报道提供方便。中宣部随即印发实施细则《加强和改进舆论监督工作的实施办法》。

2019 年 5 月 13 日，中共中央印发的《建立健全惩治和预防腐败体系2019—2023 年工作规划》要求各地、各部门认真贯彻落实《关于进一步加强和改进舆论监督工作的意见》。然而，由于该意见只是原则性的要求，缺乏实施细则，实际执行效果欠佳。建议修订这个规范性文件，努力增强权威性和可操作性。

在中央政府层面，分别有 2 个规范性文件、1 个部门规章和 1 个行政法规涉及舆论监督。

新闻出版总署于 2007 年 10 月 31 日发出的《关于保障新闻采编人员合法采访权利的通知》提出，新闻采访活动是保证公众知情权，实现社会舆论监督的重要途径，有关党政机关及其工作人员要为新闻机构合法的新闻采访活动提供便利和必要保障；② 2008 年 11 月 7 日发出的《关于进一步做好新闻采访活动保障工作的通知》提出，新闻机构对涉及国家利益、公共利益的事件依法享有知情权、采访权、发表权、批评权、监督权，新闻机构及其派出的采编人员依法从事新闻采访活动受法律保护。③

---

① 《中华人民共和国突发事件应对法》，《中国应急管理报》，2024 年 6 月 29 日。

② 《任何组织和个人不得干扰、阻碍新闻采编人员合法采访》，《中国青年报》，2007 年 11 月6 日第 4 版。

③ 《新闻出版总署发布〈关于进一步做好新闻采访活动保障工作的通知〉》，《经济日报》，2008 年 11 月 8 日第 4 版。

新闻出版总署于 2009 年 10 月 15 日颁布实施修订后的《新闻记者证管理办法》，该办法规定："新闻记者持新闻记者证依法从事新闻采访活动受法律保护。各级人民政府及其职能部门、工作人员应为合法的新闻采访活动提供必要的便利和保障。""任何组织或者个人不得干扰、阻挠新闻机构及其新闻记者合法的采访活动。"①

这个管理办法是保障媒体开展舆论监督的重要法律依据，但它只属于部门规章，法律位阶不高，并且没有规定相关人员如果干扰合法采访将如何惩处，所以缺乏足够约束力。而此前发布的两个通知只属于规范性文件，法律位阶更低，更难产生实效。

国务院发布、2019 年 5 月 15 日开始施行的修订后的《中华人民共和国政府信息公开条例》规定：保障公民、法人和其他组织依法获取政府信息；行政机关应当及时、准确地公开政府信息；行政机关应当建立健全政府信息发布机制；等等。②

该条例虽然没有明确提到保障媒体采访权，但实际上已涉及这一领域，因为媒体报道包括舆论监督有相当程度涉及政府信息。当然，由于这个行政法规的相关条文只是间接的、原则性的规定，对保障媒体合法权益难以起到实质性的作用。

建议修订上述管理办法和信息公开条例，明确要求各级政府及其工作人员支持媒体的合法采访，并提出对相关人员违法违规的具体处罚办法，相关规定应当明确、具体、可操作性强。

值得注意的是，中华全国新闻工作者协会 2019 年 11 月 7 日修订的《中国新闻工作者职业道德准则》第一条要求："……把坚持正面宣传为主与正确开展舆论监督统一起来。……保持人民情怀，积极反映人民群众的正确意见和呼声，及时回应人民群众的关切和期待，批评侵害人民利益的现象和行为，畅通人民群众表达意见的渠道，依法维护人民群众的正当权益。"第二条要求："……加强和改进舆论监督，着眼解决问题、推动工作，激浊扬清、针砭时弊，发表批评性报道要事实准确、分析客观，坚持科学监督、准确监督、依法监督、建设性监督。"③ 就是说，开展舆论监督是新闻工作者的职业道德准则，是作为新闻工作者应当履行的职责，不是可做可不做

---

① 《新闻记者证管理办法》，《中华人民共和国国务院公报》2010 年第 9 期。
② 《中华人民共和国政府信息公开条例》，《中华人民共和国国务院公报》2019 年第 12 期。
③ 《中国新闻工作者职业道德准则》，《新华每日电讯》，2019 年 12 月 16 日第 3 版。

的事。报纸工作者应当遵守这个准则，做好舆论监督报道和评论。

中国记协 2022 年开展的第三十二届中国新闻奖评选，首次将舆论监督报道单独列为六大专门奖项之一，鼓励媒体开展并做好舆论监督报道，体现了中央有关部门对加强和改进舆论监督的期许。

### （三）省级层面

各省份的党委和政府也应当结合当地实际，出台专门支持和规范媒体开展舆论监督的规章制度。相关规定应当针对性强、具体细致、切实可行。

在出台支持媒体开展舆论监督的相关制度这方面，一些省份有过实践。

1998 年 5 月 18 日，经时任海南省委书记杜青林提议，海南日报社、海南人民广播电台、海南电视台共同参与组成的海南省新闻舆论监督中心成立。该中心是在省委领导下开展新闻舆论监督的组织协调和指导机构。中心设在省委宣传部，由其直接领导。这是中华人民共和国成立以来建立的第一个专门组织协调和指导开展舆论监督的省级机构。

2004 年 12 月，中共海南省委出台了《中共海南省委关于舆论监督工作的暂行规定》，这是省级地方党委第一个关于舆论监督的专门性党内法规。该规定对舆论监督的工作原则、组织领导、工作方法、保障机制、协调机制及媒体责任等做了具体规定。其中第五条指出："各级党政机关及其领导干部，必须重视和支持新闻媒体开展舆论监督，善于运用舆论监督改进和推动工作。各级党政机关应当主动配合新闻媒体开展舆论监督，建立和完善政务信息公开、新闻发言人和重大突发事件新闻报道制度，方便新闻媒体开展舆论监督工作。"第七条指出："对于舆论监督报道披露出来的违规、违纪、违法问题，所涉及的单位及其领导干部必须认真对待，调查核实并及时处理。上级领导有批示的，要及时报告。"[①]

2005 年 6 月，中共浙江省委颁布了《浙江省党内监督十项制度实施办法（试行）》，其中一项是《中共浙江省委组织部舆论监督制度实施办法》。该办法明确规定，各地、各部门应当重视、支持和配合舆论监督工作，各级党委、政府要为开展舆论监督创造必要的条件。被监督单位"应当认真对待，调查核实，积极整改，并通过媒体公开处理结果"，被批评单位不得"以任何形式干扰舆论监督工作"。办法规定，不得"以行贿、说情等手段对舆论监督进行干预"，如有干扰记者正常采访的，"根据情节轻重分别给

---

① 《中共海南省委关于舆论监督工作的暂行规定》，《海南日报》，2005 年 2 月 22 日第 1 版。

予批评教育、通报批评、组织处理或纪律处分，并督促其接受舆论监督；涉嫌犯罪的，移交司法机关处理"。办法还列出几种要严肃处理的具体行为，如扣压记者证件和采访设备、限制人身自由、威胁人身安全、打击报复等。①

2016 年 4 月，贵州省政府印发了《贵州省人民政府新闻发布工作办法》，明确规定行政机关要积极主动接受新闻媒体采访，为记者采访提供便利和保障；对于新闻媒体舆论监督反映的问题，应及时调查处理和回应，并公开处理结果。涉及公众利益的重大政策、重要工作，行政机关无故拒绝、阻挠记者合法采访，引起不良社会影响和后果的，可以依法追究单位或有关责任人行政责任，甚至依法移送司法机关追究责任。②

2016 年 5 月，四川省纪委机关和省委宣传部联合出台《关于加强舆论监督持之以恒落实中央八项规定精神的实施意见》，明确要求各级党委（党组）旗帜鲜明地支持媒体舆论监督采访活动，不得封锁消息、隐瞒事实、干涉舆论监督。对加强新闻舆论监督做出了制度性安排，明确了开辟专栏、采访报道、问题曝光、问题交办、公开回应、跟踪报道六个工作程序，并要求各地、各部门建立曝光问题应急处置机制，并通过媒体公开处理结果。③

2018 年 7 月 26 日，《大众日报》头版开设《大众调查·聚焦难点痛点堵点》栏目，首篇推出舆论监督报道《17 路记者暗访 17 市政务中心》。该栏目本来是为了推动山东省当时全力深化"一次办好"改革而设的，但从以后报道的情况来看，其实际涵盖了各领域的舆论监督。该栏目主要放在第 2 版。

2018 年 8 月 8 日，《浙江日报》在头版底栏推出舆论监督栏目《一线调查》，第一期的标题为《藏身上虞余姚交界处　这个非法砂场为什么关不掉》。该专栏主要设在第 3 版。

2020 年 8 月 4 日，《南方日报》第 8 版开设《南方曝光台》栏目。《虾塘废水直排大海　金海岸成了黑沙滩》，反映广东省吴川市大量未经处理的海虾养殖尾水直接排放，严重污染了海洋环境，金海岸成了黑沙滩。

---

① 毛传来、马莉莉、顾朝清：《党内制度监督的一把"利剑"——〈浙江省党内监督十项制度实施办法（试行）〉部分条例解读》，《浙江日报》，2005 年 8 月 2 日。
② 《贵州省人民政府新闻发布工作办法》，《贵州省人民政府公报》2016 年第 6 期。
③ 张立东：《我省首次出台加强舆论监督实施意见》，《四川日报》，2016 年 5 月 11 日第 8 版。

2021 年 6 月 2 日，《海南日报》在第 3 版头条推出《海报监督》栏目。消息稿《房租支付互推诿　"踢球游戏"损民利》，报道海口市演丰镇一居民将铺面房出租给镇政府，5 年多才收到部分租金，同时配发了一篇评论。

应当说，上述各省份的相关举措富有探索精神和创新意义，但是，从笔者目前能查询到的情况看，有的报纸仍然基本不做舆论监督。这一方面反映出开展舆论监督之难、涉及因素之复杂；另一方面也说明，光出台支持舆论监督的制度还不够，还得切实予以落实，否则制度就会成为摆设。

### （四）报纸应当建立健全鼓励、保障和规范舆论监督的制度

中央、省级层面出台相关制度后，最终落脚点还是在媒体。在报社内部，也应当专门就开展舆论监督建章立制，包括运作机制、奖惩机制、容错机制等。相关制度应当科学合理，能有效调动采编人员的积极性，能有效排除开展舆论监督的各种内部干扰，能有效防止相关报道和评论出现重大差错，从而不断提高舆论监督的质量。

例如，报社应当鼓励记者每年做一定数量和质量的舆论监督报道，大幅度提高这类报道的稿分，对优质稿件予以不同程度的奖励。同时，放宽对记者开展舆论监督的过多限制，变事前严格控制为事后严厉追惩。从新闻实践来看，只要报社认真落实稿件三审制，在审稿阶段严格把关，一般是不会出问题的，任何媒体都不可能保证新闻报道百分之百不出问题。当然，对记者有意造假，或不认真、深入、全面采访造成严重失实、导致严重后果的，应给予严厉处罚。应当相信，绝大多数记者都有基本良知，能够遵守基本的职业道德，特别是在严厉的追责制度下，相信极少有人敢于以身试法。报纸还可以考虑选择政治强、业务精、有兴趣、身体好的记者，组建一支以开展舆论监督为主的队伍，提高舆论监督的专业化报道水平。

总之，从根本来看，报纸的舆论监督要想取得重大进展，有赖于实现国家治理体系和治理能力现代化。对报纸工作者来说，不应坐等外部环境的改善，而应以对人民、对新闻事业高度负责的态度、务实的作风，积极作为，讲究方法，循序渐进，以实际的工作成效，努力争取有关方面、有关人员对舆论监督的理解和支持，扎实推进报纸舆论监督工作。

## 三、舆论监督经典案例

在舆论监督上做得比较出色的有《经济参考报》，现以其为案例进行详

述：近年来，新华社旗下的《经济参考报》积极开展舆论监督，推出的北京北海地坛公园暗藏高端会所、中国福彩黑幕、境外特大网络赌博平台深度渗透国内、青海祁连山非法采煤案、甘肃敦煌毁林案、济南数千栋违建别墅侵占泉域保护区等问题的报道，为相关制度化治理措施的出台，做了直接和有益的舆论推动，产生了广泛的社会影响，成为报界舆论监督的一面旗帜。

党的十八大以来，该报有 8 篇舆论监督报道获得中国新闻奖。为此，该报的舆论监督入选由中国新闻史学会应用新闻传播学专业委员会发布的"2023 中国应用新闻传播十大创新案例"。

2020 年，《经济参考报》迎难而上，充实监督报道力量，由记者王文志牵头组建《经济参考报》调查报道室，推出《经参调查·锐度》栏目，实现舆论监督常态化，目前已成为该报的品牌栏目和拳头产品。作为该栏目主创人员，王文志不仅参与报道统筹策划和审核把关，还力推以"忠于事实"为核心的采编作风转变。由他采写、刊发于该报 2020 年 8 月 4 日的通讯《青海"隐形首富"：祁连山非法采煤获利百亿至今未停》，事实准确充分，报道客观全面，富有建设性，切实促进了实际问题的解决，荣获第三十一届中国新闻奖一等奖，成为近年来报纸舆论监督的典范。

在青海祁连山南麓，"隐形富豪"马少伟打着"生态修复"的旗号，进行掠夺式盗采煤炭资源，持续 10 多年，青海湖和黄河上游水源涵养地局部生态遭到严重破坏。王文志历时两年，三次隐姓埋名、乔装打扮，只身深入海拔 4 200 米的青海木里矿区内部，挑战生理与心理极限，克服高原缺氧、人迹罕至、环境凶险等困难和风险，采写完成了此篇揭露式重磅报道。该稿件以文字版、电子版和视频等全媒体方式传播，稿件全网阅读量高达 6 亿次，直接推动了痼疾重重、久攻难下的祁连山南麓青海片区生态破坏乱象的彻底治理。青海省时任副省长文国栋投案自首，另有 19 名严重违纪违法的县处级以上领导干部被立案查处，马少伟等被绳之以法。

2022 年，王文志荣获代表中国新闻界最高荣誉的长江韬奋奖（第 17 届）。他的文章《今天，我们该如何看待舆论监督的"难"？》（发表于 2023 年 12 月 14 日中国记协微信公众号《舆论监督系列谈》栏目）很值得报界深思。文章指出：时常有媒体同行抱怨，开展舆论监督难。这种"难"既有外因，也有内因，其实很大程度上难在媒体和记者自身。自问并回答好三个"有没有"，就能得出舆论监督难与易的正确认知。第一个"有没有"——有没有过分放大舆论监督难度？第二个"有没有"——有没有受困于惯性思维？第三个"有没有"——有没有保有不甘平庸的精神状态？舆论监督固然需要整个社会的支持，特别是要给予更多制度上的保障，但主流媒体及记者当前的一个迫切任务，是在舆论监督上自我"脱敏"、自我"摘帽"，思想上松绑解缚，走出认识误区，提高能力水平，敢于担当作为。

# 第五章

# 突发事件报道

我国自然灾害、事故灾难和公共卫生事件等多发频发，不少突发事件还具有不同程度的政治性，在不同程度上影响公共安全和社会安全稳定。拙著所指的突发事件根据《中华人民共和国突发事件应对法》的定义，即"突然发生，造成或者可能造成严重社会危害，需要采取应急处置措施予以应对的自然灾害、事故灾难、公共卫生事件和社会安全事件"。按照社会危害程度、影响范围等因素，突发事件分为特别重大、重大、较大和一般四级。

突发事件报道和舆论监督有密切联系，又有所不同。突发事件的起因和处理过程，往往涉及有关单位不作为、乱作为和慢作为等问题，或个人违法违规问题，所以报纸报道突发事件，常常也是在进行舆论监督。当然，有的突发事件主要是天灾等不可抗力造成的，有关方面的处置也基本及时、到位、有效，这时就基本不涉及舆论监督。

突发事件特别是较大以上级别的突发事件，新闻性较强，影响较大，社会关注度较高，往往也有一定的敏感性，容易造成一段时间、地域内的重大舆情。报纸对待突发事件报道，也应当像对待舆论监督报道一样，不是坐等、空等，而是从大局出发，从党和人民的根本利益出发，积极主动和有关方面沟通，争取一定的理解和支持，努力有所作为。

# 第一节　突发事件舆论引导若干问题

## 一、突发事件舆论引导的性质、意义和目的

做好突发事件舆论引导是政府的法定职责，能够强化信心、温暖人心、凝聚民心，对处置好突发事件起关键作用，实现维护社会大局稳定的目的。

《中华人民共和国突发事件应对法》第七条规定："国家建立健全突发事件信息发布制度。有关人民政府和部门应当及时向社会公布突发事件相关信息和有关突发事件应对的决定、命令、措施等信息。……有关人民政府和部门发现影响或者可能影响社会稳定、扰乱社会和经济管理秩序的虚假或者不完整信息的，应当及时发布准确的信息予以澄清。"第八条规定："国家建立健全突发事件新闻采访报道制度。有关人民政府和部门应当做好新闻媒体服务引导工作，支持新闻媒体开展采访报道和舆论监督。"第六十六条规定，发布三级、四级警报，宣布进入预警期后，县级以上地方人民政府"应当定时向社会发布与公众有关的突发事件预测信息和分析评估结果，并对相关信息的报道工作进行管理"。《中华人民共和国政府信息公开条例》第二十条也规定，行政机关应当主动公开突发公共事件的应急预案、预警信息及应对情况。

维护国家长治久安和人民合法权益是现代政府基本的政治职能。从上述法律规定看，做好突发事件舆论引导是政府的法定职责，必须依法进行，不能不作为、慢作为、乱作为。这是满足人民的知情权、参与权、表达权和监督权，贯彻落实全面依法治国基本方略，在法治轨道上推进国家治理体系和治理能力现代化的必然要求。对各级党委来说，领导政府做好突发事件舆论引导，也是我党作为执政党的重要职责。

突发事件发生后，对公众的影响大致分两类：第一类，事件直接影响甚至威胁相关群体或者其亲属、朋友等的生命财产安全。这时，他们迫切

需要通过相关信息来评估形势和自身或亲属等的处境，决定是否采取行动、如何采取行动，以保障自己或相关人员的切身利益。如果他们不能及时、全面获得权威信息，就会产生疑惑、焦虑、恐惧等不良心理，引发不利于突发事件处置的言行。第二类，事件基本不影响部分群体或者其亲属等的生产生活，事件对其来说主要是具有较强的新闻性。这时，他们主要想通过了解相关信息，满足自己作为人类天生的好奇心。如果他们不能及时、全面获得权威信息，就会产生失落感、挫败感。此外，不论突发事件对公众的影响如何，他们通常都会通过观察党和政府处置事件的表现，对其为民情怀、法治观念和办事效率等作出评价，形成相关印象。

突发事件应对法以法律的形式明确：新闻报道是系统处置突发事件的重要组成部分，受法律保障。舆论引导是突发事件处置一项十分重要的内容。突发事件会造成两种危机：一是事件本身的危机，如公共卫生事件导致公众生命健康受到严重威胁。二是由于突发事件具有突然性、破坏性、衍生性、不确定性和新闻性等特征，容易触发潜藏已久的社会情绪，容易引起各方关注，形成舆论；当社会缺乏权威信息时，处于疑惑、焦虑、恐惧等不良心理状态中的公众易轻信，易受暗示，易误读信息，易互相感染，易陷入集体无意识，易导致群体极化，往往产生负向舆论，导致舆论危机。这两种危机会彼此影响、互相激化。舆论引导得当，就能削弱乃至瓦解负向舆论，促进正向舆论的形成和壮大，引导公众积极配合党委和政府的处置工作，直接推动突发事件的解决或为解决创造良好的环境、条件；反之，就会导致公众的集体言行继续失范失控，加剧危机。

突发事件舆论引导的关键作用就在于：通过及时、准确、公开、透明、全面、有感情地发布权威信息，占据舆论主导权，消除因种种不确定性而导致一定范围内弥漫的不良心理，使公众清楚认识到在党和政府努力下局势正在好转，充分感受到党和政府的关怀、力量，形成充实的安全感、稳定正向的预期、积极向上的信心信念、明确的行动方针，团结一致配合、支持党和政府的工作，从而有效动员和凝聚全社会力量，共同化解危机、消除风险，促进突发事件尽快有序得到良好处置，维护社会和谐稳定，保障经济社会发展。与此同时，党和政府的良好形象和公信力也得以树立。

## 二、突发事件舆论引导的主导主体

党委、政府是突发事件舆论引导的主导主体，领导干部要主动引导舆论。要完善突发事件舆论引导快速反应机制，及时发布权威信息；加强舆情跟踪研判，始终把握舆论引导的主动权，营造良好舆论环境，加强网络媒体管控，强化融合传播；要正视存在的问题，及时、有针对性、专业地回应各方关切。

党委和政府、大众媒体、自媒体（如意见领袖等），都是突发事件舆论引导的主体，其中，党委和政府是主导主体。这是因为，党委和党委领导下的政府是公共权力的行使者、公共事务的管理者、公共政策的制定者、公共服务的提供者和公共秩序的维护者，具有其他一切社会组织和个人无可比拟的权威性、强制力和组织性，有能力在突发事件发生后的第一时间掌握最多、最权威的相关信息，有能力对大众媒体和自媒体进行调控、利用政务媒体等和公众开展互动，应当也可以成为舆论引导的主导力量，关键时刻承担一锤定音的角色。领导干部是党和国家各项事业的决策者、指挥者、组织者、管理者，推动经济社会发展、维护社会和谐稳定的骨干，面对突发事件要勇于、善于担当，代表党委、政府及时发出权威声音，当好第一新闻发言人，充分发挥党委、政府在舆论引导中的核心作用。

突发事件处置不光是党委、政府的事，而是一项庞大的系统工程，涉及方方面面；舆情又发酵迅速、复杂多变、情绪化明显、碎片化程度高，突发事件舆论引导讲究"快、准、稳"，稍有延误就可能失去最佳处置时机。因此，做好突发事件舆论引导，需要在党委、政府的统一指挥下，有关各方和媒体密切配合，有效协作，形成正向合力。这其中的关键和根本在于不断健全舆论引导机制，依靠制度稳定、强大、持久，以及可预见的力量，确保突发事件发生后，相关部门、人员都能迅速按应急预案各就各位，舆论引导的每一项工作自始至终都有章可循、落实到位，在统一指挥下高效运转、有序联动、积极推进，避免相关部门、人员互相推诿和自说自话，破除各种妨碍相关信息及时准确公布的阻力，保障和规范媒体的报道，确保党委、政府和媒体的口径一致，不断提高舆论引导的质量和水平。具体地说，突发事件舆论引导机制包括：应急预案制定和培训机制、舆情监测预警机制、指挥运转机制、信息发布机制、新闻报道机制、个案总结评估机制、监督和责任追究机制等。

发布突发事件信息，党委、政府当然应力求权威、准确，但有时因事态未明、处置工作未结束，可采用及时滚动的方式发布相关信息，这也是国际社会通常的做法。如重大事故的伤亡人数，随着抢救的最新进展不断变化，公众自能理解官方信息有前后不一致的地方。再如突发事件发生的原因，也是公众十分关注的，有关部门在调查结果未明之前，固然要持慎重态度，但也不宜不作回应，可以用推测性的、留有余地的用语，及时回应各方关切，以后情况有变时再及时滚动回应。比如，可以向公众通报，根据目前调查情况，"基本可以排除某某原因"或"我们初步认为，原因有可能是……但还不能最后确定"等。

在"去中心化"的融媒体时代，移动互联网快速发展，信息传播渠道多、速度快、范围广，舆论场纷繁复杂。突发事件甫一发生，各种信息立刻满天飞，如不及时、有效引导，就可能导致不同程度的舆论危机；社会在谣言、不良情绪等的影响下，可能会酿成严重后果。党委、政府应当充分利用信息传播中受众最重视首发信息的首因效应，充分利用新闻发布会、各类政务媒体等，第一时间发声、滚动发声、多渠道发声，从头到尾牢牢把握舆论场的主导权，让正能量始终占据舆论场主流，特别是在事件发生、发展的重要节点，绝不能失声、失语。要紧盯舆情变化，在舆情演化不同阶段，根据其性质、影响、涉及面等，及时、有针对性地采取相应引导策略和措施，防范和控制不确定性高的舆情系统性风险，使公众始终听得到、听得进党委、政府的权威声音，始终愿意跟着党委、政府主导的方向走，而不被某些不负责任甚至别有用心的网络"大V"牵着鼻子走，不被各种虚假、消极的网络信息所迷惑。

鉴于通过互联网特别是移动互联网获取新闻信息的公众越来越多，互联网已成为舆论引导的主阵地。同时，网络是一个门槛很低、随意性很大、发言隐匿性很强的公共空间，网络舆论具有即时传播、可交互、非理性色彩较浓、冲突性较强、易"滚雪球"般扩散等特点，对突发事件舆论引导的影响很大，因此，党委、政府要加强对网络舆论的管控，不应放任自流。当然，这种管控不是打压、删帖，而是对网上出于善意的批评、意见和建议，党委、政府应当虚心聆听并及时诚恳回应；对故意在网上造谣、夸大事实的，应当及时依法处置，以正视听，维护网络秩序，为突发事件的处置营造积极的舆论氛围。

突发事件的发生，往往会暴露出各地、各部门存在的各种问题，比如主体责任落实不到位、隐患排查治理不彻底、安全监管执法不严格等。有关党委、政府应当本着对人民高度负责的态度，坦诚向社会作出必要的说明，充分展示出敢于正视问题、改正不足和错误、积极解决问题的担当和诚意，从而赢得公众的理解、信任和支持。不必担心会因为承认错误而使党和政府的形象受损，要相信，经过新中国成立70多年的风雨考验、已相当成熟的公众可以理解：就像没有人不会犯错一样，政府和领导干部也可能会犯错，但只要肯承认、正视错误。就不会损害党和政府的形象。同时，要根据各方关切的重点所在，以及突发事件涉及的专业领域，如公共卫生、自然灾害等，有针对性、专业性地发布相关信息，让公众感到"有用""解渴"，避免答非所问、避重就轻，或说含糊笼统的外行话、抓不住问题的关键。

在移动互联网中，地球就是一个"村"，一个国家特别是有影响力的大国发生的突发事件，会在不同程度上引起国际社会的关注，引发大量媒体的报道、评论，形成国际舆论。和国内舆情相比，我们更难影响、把控国际舆情。因此，突发事件发生后，党委、政府不但要引导好国内舆情，还要引导好国际舆论。要采用贴近不同群体受众、让他们喜闻乐见能理解的精准传播方式，及时发布权威信息，讲好中国故事，传播好中国声音，增强国际舆论引导的针对性、亲和力和实效性，努力使国际社会产生积极的印象，在不同程度上对我国表示理解和支持。

## 三、媒体开展突发事件舆论引导的原则、方法和重点

突发事件发生后，媒体尤其是主流媒体作为舆论引导的重要主体，要把握好时度效原则，第一时间报道权威信息，加强正面引导，重点提升网上传播能力。

关于时度效的"时"，拙著认为，除涉及国家秘密、商业秘密和个人隐私等的信息要保密外，如果权威的信息不及时传播，虚假、歪曲的信息就会搞乱人心；积极、正确的思想舆论不占据主流，消极、错误的言论就会肆虐泛滥。主流媒体在这方面守土有责，更要守土尽责，要充分利用首因效应，敢于引导、善于疏导，第一时间准确、全面地把公众迫切想知道的信息和党委、政府的声音传播出去，形成公众的第一印象，牢牢掌握舆论场的主动权和主导权。越是可能产生重大、复杂影响的突发事件，舆论引导越要及时介入。当然，舆论引导除了抓好时效，还要精准把握相关报道的最佳时机，力争收到最好的舆论引导效果。

在时度效的"度"上，需要根据突发事件发展和舆论引导的各个阶段，把握好报道的分寸、火候，精准控制舆论引导的力度、密度、尺度和温度，

不把大事说小，也不把小事说大；该强化的强化，该淡化的淡化。当前媒体尤其要注意避免片面理解甚至滥用"坚持正确的舆论导向"，在报道时有意大事化小、误导公众，造成不必要的损失。还需要注意的是，报道要讲究人文关怀，避免"消费灾难"，给受害者及其家属造成新的心理伤害。

在时度效的"效"上，舆论引导要瞄准满足公众信息需求、情感需求的"靶点"，讲究实际效果，能及时、有力促进突发事件得到良好处置，经济社会秩序有序恢复，公众普遍满意。当前不少媒体对突发事件的报道，通常只做领导如何重视、救援人员如何抢险等完全正面的报道，较少对公众高度关注的事故的原因、存在的问题、应吸取的教训等进行报道。这样的报道往往不能取得良好效果，易引起公众不满，引发次生舆情。媒体除了要坚持正面宣传，加强正面引导，鼓舞人心、振奋精神、弘扬真善美，团结公众共同应对危机；同时也要坚守职业道德和专业精神，秉持高度的社会责任感，把该讲的问题讲清楚，值得反思的地方做好反思，才能促使政府补缺堵漏，尽快改善或解决问题，才能引起全社会对相关问题的思考和关注，共同努力避免悲剧重演，促进经济社会发展。这才是正能量，能体现正确的舆论导向，能凸现突发事件报道的新闻价值、宣传价值。

媒体开展突发事件舆论引导，在及时、准确、客观、公正发布信息的同时，要强化正面引导，让正能量控制舆论场。这是因为突发事件会给公众的生命财产安全造成不同程度的损失，对社会和谐稳定造成不同程度的冲击。只有加强正面引导，让积极的因素战胜消极的因素，才能努力营造增强信心、温暖人心、凝聚民心、构筑同心的良好舆论氛围，促进突发事件尽快得到良好处置。

媒体还应当适应受众接受信息主渠道的变化，努力加强媒体融合建设，在突发事件报道中实现"报、网、端、微、屏"全媒体传播，着力提升网络舆论引导力。要统筹协调好"报、网、端、微、屏"的报道，使它们既做好分众化、差异化的精准传播，又能形成最大的同向合力。比如，报纸报道突发事件会慢一拍，但做好深度解读是优势；而报纸所属的新媒体可做到对突发事件的同步报道，这二者应当分工协作、各尽所长、优势互补。同时，随着社会主义民主法治意识的增强和公众综合素质的提高，公众早已不是被动的信息接收者。不论是大众媒体还是政务媒体，都应当在舆论引导中加强与公众的互动交流，及时根据公众的意见、建议，调整舆论引导的方向、力度、重点等，实现传播效果最大化，避免自弹自唱。同时，通过有关各方平等、直接、坦诚、务实的沟通，弥合分歧、消除对抗、凝聚共识、形成合力。

# 第二节　改进突发事件报道

党的二十大报告指出，当前我国发展进入战略机遇和风险挑战并存及不确定、难预料因素增多的时期，各种"黑天鹅""灰犀牛"事件随时可能发生。报告以"推进国家安全体系和能力现代化，坚决维护国家安全和社会稳定"为题，首次在党代会报告中将国家安全方面的内容单独成章（第十一章），可见中央对确保国家安全和社会稳定的重视。报告要求，提高公共安全治理水平，提高防灾减灾救灾和重大突发公共事件处置保障能力。而提高报纸等媒体对突发事件的舆论引导能力，就是其中的一个重要环节。

在当下高风险社会和全民传播、融合传播的语境下，各类风险叠加丛生、相互影响带来的复杂现实挑战；社会治理中仍然存在的困境、难点和矛盾；改革开放以来社会的深度利益调整长期累积形成的社会负面情绪；全民传播带来的意见观点表达的随意性、全天候和公众话语权、政治参与权扩大，都会使持续频发的舆情事件成为一个越来越常见的社会现象。[1] 加强和改进突发事件报道，有利于提高我国处置突发事件的能力，推进国家治理体系和治理能力现代化，保障国家安全和社会稳定；有利于提高党的长期执政能力和领导水平，全面建设社会主义现代化国家；有利于提高媒体的"四力"，特别是强化、彰显报纸面临关键时刻、复杂局面的竞争力。

## 一、中央对突发事件舆论引导的相关规定和要求

国务院 2006 年发布并实施的《国家突发公共事件总体应急预案》要求："突发公共事件的信息发布应当及时、准确、客观、全面。事件发生的第一时间要向社会发布简要信息。……信息发布形式主要包括授权发布、

---

① 王莉主编：《突发事件舆情管理与应对》，北京：应急管理出版社 2022 年版，第 94 页。

散发新闻稿、组织报道、接受记者采访、举行新闻发布会等。"①

国务院办公厅 2013 年 10 月发布的《关于进一步加强政府信息公开回应社会关切提升政府公信力的意见》提出："要以主动做好重要政策法规解读、妥善回应公众质疑、及时澄清不实传言、权威发布重大突发事件信息为重点，切实加强政府新闻发言人制度建设。……完善主动发布机制。各地区各部门要围绕党和政府中心工作，针对公众关切，主动、及时、全面、准确地发布权威政府信息，特别是……重大突发事件及其应对处置情况等方面的信息。"②

中共中央办公厅、国务院办公厅 2016 年印发的《关于全面推进政务公开工作的意见》要求："各省（自治区、直辖市）政府和国务院各部门，……遇有重大突发事件、重要社会关切等，主要负责人要带头接受媒体采访，表明立场态度，发出权威声音，当好'第一新闻发言人'。……建立健全政务舆情收集、研判、处置和回应机制，加强重大政务舆情回应督办工作，开展效果评估。对涉及本地区本部门的重要政务舆情、媒体关切、突发事件等热点问题，要按程序及时发布权威信息，讲清事实真相、政策措施以及处置结果等，认真回应关切。依法依规明确回应主体，落实责任，确保在应对重大突发事件及社会热点事件时不失声、不缺位。……畅通采访渠道，积极为媒体采访提供便利。……充分发挥人大代表、政协委员、民主党派、人民团体、社会公众、新闻媒体对政务公开工作的监督作用。"③

国务院办公厅 2016 年印发的《〈关于全面推进政务公开工作的意见〉实施细则》规定："国务院政策例行吹风会是解读重大政策的重要平台，……遇有重大突发事件和重要社会关切，相关部门主要负责人要及时主动参加吹风会，表明立场态度，发出权威声音。……对涉及特别重大、重大突发事件的政务舆情，要快速反应，最迟要在 5 小时内发布权威信息，在 24 小时内举行新闻发布会，并根据工作进展情况，持续发布权威信息，有关地方和部门主要负责人要带头主动发声。……各地区各部门要将信息公开、政策解读、回应关切、媒体参与等方面情况作为政务公开的重要内

---

① 《国家突发公共事件总体应急预案》，中华人民共和国中央人民政府，https://www.gov.cn/yjgl/2006-01/08/content_21048.htm，2006 年 1 月 8 日。

② 《国务院办公厅关于进一步加强政府信息公开回应社会关切提升政府公信力的意见》，《中华人民共和国国务院公报》2013 年第 30 期。

③ 《中共中央办公厅　国务院办公厅印发〈关于全面推进政务公开工作的意见〉》，《光明日报》，2016 年 2 月 18 日第 3 版。

容纳入绩效考核体系……对重要信息不发布、重大政策不解读、热点回应不及时的，要严肃批评、公开通报；对弄虚作假、隐瞒实情、欺骗公众，造成严重社会影响的，要依纪依法追究相关单位和人员责任。"①

2017 年 1 月发布的《中共中央　国务院关于推进防灾减灾救灾体制机制改革的意见》提出："健全重特大自然灾害信息发布和舆情应对机制，完善信息发布制度，拓宽信息发布渠道，确保公众知情权。规范灾害现场应急处置、新闻发布、网络及社会舆情应对等工作流程，完善协同联动机制，加强新闻发言人队伍和常备专家库建设，提高防灾减灾救灾舆情引导能力。"②

2019 年通过的《中共中央关于坚持和完善中国特色社会主义制度　推进国家治理体系和治理能力现代化若干重大问题的决定》提出，要"健全重大舆情和突发事件舆论引导机制"③。

国务院新闻办 2021 年 9 月发布的《国家人权行动计划（2021—2025年)》，在"二、公民权利和政治权利"的"（六）知情权和参与权"这一部分提出："加强突发事件信息发布。健全公共安全、重大疫情、灾害事故应急报道机制，及时准确发布权威信息，主动回应社会关切。"④

十九届中央政治局常务委员会于 2022 年 3 月 31 日召开会议，听取"3·21"东航 MU5735 航空器飞行事故应急处置情况的汇报，部署下一步工作。会议强调："要平稳有序做好后续信息发布工作，按照及时、准确、公开、透明原则，持续发布信息，积极回应社会关切。"⑤

国务院办公厅 2024 年 1 月修订后的《突发事件应急预案管理办法》，进一步完善了应急预案的规划、编制、审批、发布、备案、培训、宣传、演练、评估、修订等工作。

另外，中宣部干部局组织编写的《新时代宣传思想工作》，对宣传系统的干部如何做好突发事件新闻报道和舆论引导，作了较全面、科学、贴近

① 《〈关于全面推进政务公开工作的意见〉实施细则》，《中华人民共和国国务院公报》2016年第 33 期。

② 《中共中央　国务院关于推进防灾减灾救灾体制机制改革的意见》，《光明日报》，2017 年 1月 11 日第 3 版。

③ 《中共中央关于坚持和完善中国特色社会主义制度　推进国家治理体系和治理能力现代化若干重大问题的决定》，《人民日报》，2019 年 11 月 6 日第 5 版。

④ 《国家人权行动计划（2021—2025 年)》，《人民日报》，2021 年 9 月 10 日第 11 版。

⑤ 《听取"3·21"东航 MU5735 航空器飞行事故应急处置情况汇报　就做好下一步工作作出部署》，《人民日报》，2022 年 4 月 1 日第 1 版。

实际的阐述，提出"要坚持'及时准确、公开透明、有序开放、有效管理、正确引导'方针，健全重大舆情和突发公共事件舆论引导机制，不断提高对突发热点舆情的发现力、研判力和处置力，正确引领舆论走向，维护社会和谐稳定"，并从加强舆情监测预警、强化权威信息发布、做好媒体服务管理、提高应急处置能力这四个方面，提出具体的工作建议。①

应当说，中央上述规定和要求，针对性强，很接地气，具有较强的可操作性，富有实战价值。特别值得注意的是，中央已将"加强突发事件信息发布"作为保障公民知情权和参与权的重要举措，上升到在国家层面保障和促进人权的高度。上述各项规定和有关精神如果能真正得到落实，报纸的突发事件报道必将能普遍取得突破性进展。

## 二、进一步健全、落实重大舆情和突发事件舆论引导机制

贯彻全面依法治国的方针，要求有关各方根据融媒体传播新格局、社会风险多元共治的要求，建立健全相关法律法规和规章制度，通过法治和常态化、长效化机制，来引领、规范、加强和改进突发事件报道，形成共建共治共享的舆论引导格局。各地党委和政府应结合实际，出台专门的加强和改进突发事件报道的规章制度，有关规定应当针对问题关键所在，具体细致、切实可行。报纸也应当积极作为，依法依规建立、健全、加强和改进突发事件报道的制度，相关制度应当科学合理，能有效调动采编人员的积极性，能有效排除各种干扰，能有效防止相关报道出现重大差错，不断提高报道水平。

### （一）健全机制

近年来，各地不断健全重大舆情和突发事件舆论引导机制。例如，《北京市突发事件总体应急预案（2021 年修订）》规定："突发事件发生后，相关区政府和市级处置主责部门要快速反应、及时发声，遇有重大突发事件要第一时间通过权威媒体向社会发布简要信息，最迟应在 5 小时内发布，随后发布初步核实情况、政府应对措施和公众防范措施等，并根据事件处置情况做好后续发布工作。重大、特别重大突发事件发生后，在市委宣传部的组织、协调下，成立由市相关部门和有关单位参加的现场指挥部宣传组，

---

① 中共中央宣传部干部局组织编写：《新时代宣传思想工作》，北京：学习出版社 2020 年版，第 52 页。

或由市政府新闻办在 24 小时内牵头组建突发事件新闻发布中心，指定新闻发言人，负责新闻发布组织、现场采访管理，及时、准确、客观发布突发事件信息。"① 这个预案和《〈关于全面推进政务公开工作的意见〉实施细则》接轨，要求突发事件发生后，政府部门最迟要在 5 小时内公开向社会发布相关信息。

### （二）转变观念

应当说，对媒体的突发事件报道，不少地方的党委和政府有关部门已建立了较为完善的机制。但有的时候，在突发事件发生时，有关媒体报道和舆论引导的机制和规定常常没有很好落实到位。所以，改进突发事件报道，在继续健全相关制度的同时，最关键的还在于抓制度的落实，这主要依赖于有关方面、有关人员转变思想观念。

1. 全面正确认识"和谐稳定"

报纸及时、全面、深入报道突发事件，从表面来看，可能会引发一定地域内公众不同程度的紧张甚至慌乱，可能会引发一定程度的社会"地震"；但从实践来看，其后果基本可控，不至于引发大规模社会动乱。更重要的是，从根本和长远来看，这个代价是值得的。极力"捂盖子"，从表面和短期来看，可能风平浪静、"和谐稳定"，但俗话说"天下没有不透风的墙"，特别在移动互联网时代，相关信息或迟或早、或多或少总要散发出去，引发各种传言甚至谣言；相关预警信息因为没有及时发布，也可能导致疫情、暴雨等重大灾难的危害扩大。这不但会导致党委和政府要付出更大的代价来平息不利舆情，还会让公众感觉相关部门没有勇气正视现实，没有把公共利益放在第一位，这样反而会损害党和政府的形象和公信力。

我们可以看到，自改革开放以来，没有一起在全国产生重大影响的突发事件经媒体报道后会导致社会秩序混乱；恰恰相反，倒是不少公众强烈关注的突发事件，因为媒体没有报道或未及时、全面报道，引发疫情或暴雨等灾难的危害扩大，引发社会议论纷纷，产生了不利于社会和谐稳定的重大次生舆情。特别是随着公众心理承受能力、辩证看待问题的水平、民主法治观念等综合素质日益提高，不及时报道突发事件是不合时宜的。

因为没有及时向社会公布突发事件信息导致严重后果的典型事例，如2021 年河南郑州特大暴雨灾害。国务院灾害调查组 2022 年 1 月发布了《河

---

① 《北京市突发事件总体应急预案（2021 年修订）》，《北京市人民政府公报》2021 年第 31 期。

南郑州"7·20"特大暴雨灾害调查报告》，报告第二部分"灾害应对处置"第五条指出："（郑州市）没有提前有效组织广播、电视、报纸、新媒体等广泛宣传防汛安全避险知识。……20日8时许市防指发出紧急明电通知建议市民尽量减少外出，郑州市宣传部门18：58才在微信工作群中部署'所属新媒体不间断滚动播放本地气象预报预警、雨情等信息'，此时全市已经严重受灾。"第四部分"主要教训"第六条指出："在这次特大暴雨应对过程中，媒体的宣传警示作用发挥不到位，有的顾虑引起社会恐慌，灾害预警信息传播不及时不充分，警示效果不强；有的甚至淡化和误导群众对灾害的警觉。"①

2. 不苛求报道绝对准确

突发事件发生后，事件还在不断发展变化，现场处于不同程度的混乱中，各路人马混杂，相关各方正忙碌处置事件、精神普遍较为紧张、压力较大，由于上述原因或受其他因素影响，报纸等各媒体的报道可能有不够准确的地方。报纸当然要严肃认真地对待突发事件报道，在条件许可的情况下尽最大努力，力求报道全面、客观、真实、准确，但是，也不应当苛求报纸的报道绝对准确，和事实不能有一点点出入。报纸可以采取滚动报道的方式，纠正原先报道的错误，只要态度端正、诚恳，读者自可理解。只要报纸采编人员不是出于故意，同时尽力做了认真的采访和核实工作，只是因为不可抗力等因素，并且错误并不严重，就应当对之持宽容的态度。

时任国家安监总局局长李毅中2007年在接受人民日报社记者采访时表示，媒体不是中央纪委、不是审计署、不是调查组，不能要求他们每句话都说得对。只要有事实依据，就要高度重视。② 这段话理性坦诚、求真务实，当时受到舆论高度赞扬，广为传诵。

3. 慎提"炒作""帮忙不添乱"

突发事件发生后，个别报纸个别记者在报道时，有时有炒作的嫌疑和添乱的地方，甚至捏造、玩弄、改造事实，企图借机牟取私利。

根据事态的进展，对新闻事件进行连续性、全面和深入的报道，是包括报纸在内的所有媒体的常规性操作，也是负责任的媒体应尽的职责。什

---

① 国务院灾害调查组：《河南郑州"7·20"特大暴雨灾害调查报告》，中华人民共和国应急管理部，https://www.mem.gov.cn/gk/sgcc/tbzdsgdcbg/202201/P020220121639049697767.pdf，2022年1月21日。

② 彭嘉陵：《李毅中谈自觉接受媒体监督》，《人民日报》，2007年4月9日。

么样的连续性报道是正常的，什么样的连续性报道是"炒作"，并无明确的界限，同时也很难界定。报纸对事实的报道而引发相应的舆情，到底是"添乱"还是有助于从长远、根本上促进发展，不能由个别人、部门说了算。特别在当前突发事件报道和舆论监督报道均有所弱化，难以满足社会对信息的正常需求，远远没有发挥报纸正常报道潜力的现实情况下，强调要求突发事件发生后报纸"不要炒作""要帮忙不要添乱"，在实践中是弊大于利。当前报纸对突发事件的报道，群众反映较多的不足恰恰在于，没有进行及时跟踪和深入挖掘，浮于表面，甚至把坏事当作好事来报道等。

例如，2021年7月20日，河南郑州遭遇"千年一遇"的特大暴雨袭击，当日16时至17时出现201.9毫米的极端小时雨强，突破我国大陆气象观测记录历史极值（198.5毫米，1975年8月5日河南林庄）。这场暴雨导致全市380人因灾遇难或失踪，直接经济损失409亿元，震惊了世人。其中，14人被困在地铁遇难、6人被困在京广快速路北隧道丧生。面对这起新中国成立以来极为罕见的重大突发事件，当地报纸连续多天刊发了大量报道、评论等，然而，笔者没有找到对城市地铁和隧道的设计、建设、维护、运营和应急响应等存在问题的相关报道、评论，而这无疑对各方深刻反思这次重大事件、吸取有关经验教训、避免悲剧重演是相当重要的。

《中国新闻周刊》2021年8月2日（总第1 006期）发表的深度报道《隧道之城的没顶之灾》（记者：曹然、李明子、霍思伊），以郑州隧道为例，比较全面、深入地分析了当前城市隧道在设计、建设、维护和运营中普遍存在的问题，体现了负责任的媒体应当具备的良知、勇气和水平。比如，文章引用当地专家的话指出，郑州下穿式隧道排水泵站设计和建设当中存在诸多问题，其中之一就是，雨水泵房正常设计在隧道内的地势低点，但配电室也一起内置于地下，有淹水风险。

## 三、《福建日报》对泉州欣佳酒店坍塌事故的报道

2020年3月7日，福建省泉州市鲤城区常泰街道欣佳酒店发生楼体坍塌，导致29人遇难、42人受伤，直接经济损失5 794万元。由于该酒店被作为鲤城区疫情防控外来人员集中隔离健康观察点，这起重大生产安全责任事故引起国内外舆论强烈关注。

事发后，《福建日报》作为中共福建省委的机关报、权威媒体，在省委的领导、支持下，和其下属的新媒体一起联动，及时做了系列报道，基本

满足了公众对这起突发事件的信息需求，取得良好效果。改革开放以来，在该省新闻界对突发事件报道史上，这是最公开、最透明、最及时、最权威的报道之一，值得载入福建新闻史，也值得其他地方的党政部门和报纸关注。这个报道再次生动证明：对突发事件及时进行客观、充分报道有益无害，否则有害无益。

据统计，事故发生后，《福建日报》发稿情况如下：

7月15日第2版合并刊发新华社两条消息《（主题）福建省泉州市欣佳酒店"3·7"坍塌事故调查报告公布　（副题）福建严肃查处泉州欣佳酒店"3·7"坍塌事故案相关责任人员》，配发该报记者写的评论《坚决守住安全生产红线》。

3月14日第2版刊发新华社消息《国务院欣佳酒店坍塌事故调查组第一次全体会议召开》。

3月13日第1版刊发新华社消息《国务院成立泉州鲤城区欣佳酒店坍塌事故调查组》；第2版刊发该报记者消息《泉州鲤城区欣佳酒店房屋坍塌事故受困人员已全部搜救出》，该报记者通讯配照片《"一个都不能放弃"》。

3月12日第1版刊发该报记者消息《于伟国主持召开省委常委会　会议部署泉州市欣佳酒店坍塌事故处置和安全隐患大排查大整治工作》；第2版刊发该报记者消息《泉州通报鲤城区欣佳酒店房屋坍塌事故最新进展》，该报记者通讯配照片《"我们第一时间就赶到了现场"》。

3月11日第2版刊发该报记者消息《省领导到医院慰问受伤人员》，该报记者消息《泉州通报事故最新救援、救治和善后情况》，该报记者通讯配照片《鏖战"黄金72小时"》，该报记者通讯《让每个伤员得到及时精准的治疗》。

3月10日第1版头条刊发该报记者消息《全力救援救治　彻底查清原因依法追究责任　深刻汲取教训》，以及该报记者消息《泉州应急救援工作领导小组通报最新情况》；第2版头条刊发该报记者通讯《争分夺秒　生死营救》。

3月9日第1版刊发该报记者消息《泉州市召开鲤城区欣佳酒店楼体坍塌事故发布会》。

3月8日第1版刊发该报记者消息《泉州鲤城区一酒店楼体坍塌》。

从事故发生到国务院调查报告发布，该报共刊发消息13条、通讯5条、评论1条、图片3张，其中新华社稿件4条，全部刊发在要闻第1版、第2版。3月8日到14日每天根据最新情况发稿，没有中断。

第六章

# 报纸评论

正如报纸报道大体可分为宣传性报道和新闻性报道一样，报纸评论也大致可分为宣传评论和新闻评论两大类（拙著不讨论国际新闻评论）。所谓宣传评论，顾名思义，就是以宣传为主，主要配合党和政府推进当前中心任务或重点任务的工作性评论；新闻评论，主要指对最近发生或发现的具有新闻价值的事实、现象、人物等进行的时事评论。当然，鉴于新闻和宣传之间有不同程度的联系，宣传评论和新闻评论并不是泾渭分明的，不少新闻评论也具有一定的宣传价值，承担一定的宣传功能，反之亦然。

评论通常直接表明对人物、事物、现象等的看法，最能集中体现报纸的立场、观点和态度，有的评论甚至代表报纸所直属的党委发声。正因为评论直接体现一定的价值观，常常反映政治方向、政治立场，具有鲜明的意识形态属性，处在舆论引导、舆论斗争的最前线，所以评论被誉为报纸的旗帜和灵魂，具有十分重要的地位和作用。

报纸评论对帮助公众解疑释惑、提高公众的思想水平、开阔公众的眼界，对明辨是非、引导舆论、凝聚共识、鼓舞人心，对通过激浊扬清，促进经济社会发展、推动民主法治进步，对帮助公众全面、深入理解新闻事件和新闻人物等，都具有重要意义。在全媒体时代，有高度、有思想、有锐气、有温度、有说服力的报纸评论，能在众声喧哗的信息洪流中举旗定向，以真理的力量发挥中流砥柱的作用。特别是在一些重要、关键时刻，权威大报的权威评论对引领社会舆论、维护和谐稳定，可以起到"一锤定音"的关键作用，是党的长期执政能力的一个重要体现。在舆论场和人们的思想都高度活跃的今天，这种作用并不意味着读者一定会接受报纸的观点，但一定意味着读者已经清楚党和政府的观点，从而决定该采取什么样的立场和行动。

评论也是报纸的核心竞争力之一，是作为一定地域的主流媒体发挥独特作用的重要阵地。可以说，一家报纸的"四力"如何，评论是一个关键因素。如今新闻报道很难做到独家，而报纸采编人员自己撰写的或独家约来的高水平评论，就是该报在激烈的媒体竞争中富有竞争力、在受众心中巍然屹立的拳头产品，其他媒体难以同步获得。典型的像《人民日报》的评论，可谓傲立潮头、独树一帜；再如《新京报》的评论，也是该报著名的核心品牌，名闻全国。

# 第一节　宣传评论

宣传评论主要包括党报的社论、编辑部文章、评论员文章、《人民日报》任仲平式的大型政论、其他不署名评论（文章刊发时一般做一个标明"评论"或"短评"的栏标，规格仅次于评论员文章）等。当然，工作性评论也可以署真名或笔名，代表作者个人意见，政治色彩较淡，写作灵活一些，规格较低。其中，社论、评论员文章是报纸最常见、最有代表性的两种宣传评论，拙著重点论述这两类评论。

社论、评论员文章的重要功能是宣传党和政府一段时期内的方针政策，阐释党和政府对当前一些重大事件、情况和问题的主张，号召广大党员干部群众围绕中心工作共同奋斗，指导广大党员干部群众的实践，推动相关工作的开展。

社论、评论员文章主要分两类：

第一类是为周期性的节日、纪念日、会议或活动写作，如元旦、五一、国庆，若干年一次的党代会、一年若干次的党委全会、一年一度的两会，工会、妇联、共青团等群众性组织换届，定期召开的各种论坛或会展，等等。

第二类是为非周期性的重大事件、情况、问题、会议或活动写作，如中央或地方出台重大方针政策，金融市场严重异常波动，北京奥运会开幕，中央查处某高官，地方开展向先进典型学习活动，社会出现影响重大的新思潮新动向，等等。

社论、评论员文章地位既十分重要又相当特殊，还有一定的写作难度。正因为如此，社论、评论员文章成为报纸评论改革的重点和难点，可谓牵一发而动全身。近年来，各地都在探索相关改革，但多数比较谨慎，迄今为止，总体上看，似乎尚未取得实质性的突破。

## 一、改革社论、评论员文章的必要性和紧迫性

当前一些报纸的社论、评论员文章存在下列问题：形式大于内容，应景式、礼节性、例行公事的文章不少；思想贫乏，新瓶装旧酒偏多，内容空洞浮泛；语言枯燥无味，说教味浓厚，套话连篇，篇幅冗长；标题多数大而无当；文章整体可读性较差，主旋律唱不响，正能量传播不动，影响力较弱。这些问题在为周期性的节日、纪念日、会议或活动写作的文章中表现得尤为集中。由于这些问题不同程度地长期存在，有相当数量的社论、评论员文章实际传播效果较差，接受率、影响力较低。

当代世界百年未有之大变局加速演进，当前中国正处于关键转型期，改革发展进入攻坚阶段和深水区，经济体制深刻变革、社会结构深刻变动、利益格局深刻调整、思想观念深刻变革，社会舆论日趋多元化，各类媒体的竞争日趋激烈，特别是自媒体、新媒体对报纸构成严峻挑战。如果我们不加紧对社论、评论员文章进行有力、有效的改革，大幅度提高其含金量、可读性和实效性，其功能就有被严重削弱的危险。

## 二、如何改革社论、评论员文章

2012 年 12 月，中宣部发出《关于贯彻党的十八大精神切实改进文风的意见》（以下简称《意见》）。《意见》指出，宣传思想文化战线要坚持"三贴近"原则，发扬"走转改"精神，着力提高针对性、实效性、亲和力、

感染力，提倡短、实、新，反对长、假、空。《意见》要求，媒体要从内容、语言、标题、篇幅到版面编排等方面进行全面改进。要根据工作需要、新闻价值、社会效果确定内容，说真话、写实情，言之有物、言之有理、言之有情，杜绝脱离实际、内容空洞的文章和"应景"文章；要善于运用鲜活的、易读易懂的语言说明事物、表达观点，做准、做好、做活标题，力求篇幅简短精练。①

中宣部这个《意见》对报纸全面深入改革社论、评论员文章，具有重要的指导意义。

1. 尝试停写各类应景式、礼节性的文章

除了《人民日报》等中央三大党报的社论、评论员文章地位和作用特殊，需要另当别论以外，其余报纸为周期性的节日、纪念日、会议或活动写作的部分社论、评论员文章，虽然可以根据当年的新形势、新情况，在论点上体现一定的新意，但由于在一般情况下，这些节日、纪念日、会议或活动本身不是能让多数读者感兴趣的新闻事件，内含的新闻价值有限，思想含量不高，可开掘的意义空间不多，可评论的价值不大。因此，即使文章可以结合写作时的最新形势、任务有所创新，也往往难以摆脱总体上的空洞、乏味。

例如，从1999年开始，《福建日报》为海峡两岸经贸交易会暨中国福建商品交易会（简称"5·18"）写评论员文章，刊发了13年。笔者以为，这类文章总体上难有创见，深度不足，语言因受要表述的内容限制，也显得有些枯燥。

这主要是因为：一则，这类文章政策性和政治性很强，不比学术论文，不允许评论员自由发挥，比如不宜对如何办好"5·18"提出组委会和有关部门没有提出的思路和观点，因为那样有风险，并且可能产生误导；二则，评论员没有参加相关的具体工作，也不是研究相关领域的专家，很难谈出新的道道来，通常只能根据相关新闻发布会的内容、相关报道和有关材料，作一番提炼综合。这样的文章，主要是为了体现活动的规格，相关领域的专家未必会看，各级领导干部和普通读者也很难有阅读兴趣。

虽然社论、评论员文章不是研讨性文体，而是指导工作用的，要旗帜鲜明地阐述观点，但毕竟不是有法律效力的红头文件，没有强制性，要发挥应有的功能，有一个前提：本身有新意、可读性和感染力，读者乐意接

---

① 《贯彻十八大精神　切实改进文风》，《人民日报》，2012年12月27日第4版。

受。各类应景式、礼节性的社论、评论员文章，由于题材本身的局限，很难做到这一点，很难发挥相应的作用。所以，在通常情况下，不应对这类文章寄予过高的期望，赋予过多的任务。比如，在劳动者的节日，要表示对全体劳动者的关心，提出对劳动者的希望，引导劳动者前进的方向，有一些更好的途径和方式，不必非要发表社论、评论员文章。由于这类宣传的内容本身比较枯燥，因此更适宜通过消息、通讯等相对活泼、可读性较强的形式来潜移默化地进行，让读者在不知不觉中接受我们要传播的相关理念；直接用社论、评论员文章作宣传，恐怕效果不佳。

笔者以为，多数应景式、礼节性的社论、评论员文章，可以考虑取消，这主要是敢不敢解放思想、打破旧观念的问题。比如，从 2012 年开始，《福建日报》没有再为"5·18"刊发评论员文章；再如，对福建主办的中国·海峡创新项目成果交易会（简称"6·18"），《福建日报》2003 年、2004 年发社论，之后改为每年发评论员文章，2020 年开始停发。以上改革举措均未听说产生什么不良影响。

当然，观念的转变需要一个过程。不妨以逐渐降低规格的方式，使这类文章一步步退出舞台，避免短期内因改革力度过大，让人们一时难以适应。比如，对某一周期性的活动，原先发社论的，改为发评论员文章；原先发评论员文章的，改为发不署名评论；过渡若干年后，找个适当的时机停写。如 2011 年 12 月庆祝厦门经济特区建设 30 周年，《福建日报》刊发社论《勇当科学发展跨越发展的排头兵》；到 2021 年 12 月庆祝厦门经济特区建设 40 周年，《福建日报》降格刊发评论员文章《在更高起点上推动改革开放再出发》，这样的安排并没有引发任何问题。再如，福建有关各方商定，自 2022 年起，省级妇联、工会等群团组织换届，《福建日报》从原来的发社论改为发评论员文章。

2. 对现阶段仍然必须发的社论、评论员文章，努力写出新意，压缩规模，创新表达方式

所谓文章写出新意，往往只是相对而言的。写周期性的节日、纪念日、会议或活动，主要是结合当年的新形势、新情况，在全文中心论点上体现新的角度。另外，还可以局部创新，如文章分论点的创新。如果连分论点也体现不出新东西，至少也应争取有几句话能让读者感觉新鲜。

以笔者的体会，地方党报的社论因为直接代表当地党委的声音，地位特殊，改革难度稍大；评论员文章的改革步伐可以大一些，在吃透上头精

神的基础上灵活把握，不必过于拘泥，以免变成社论的缩小版。现在一些地方党报的社论通常是严格依据当地党委主要领导讲话的提法行文，不敢稍有逾越；评论员文章则可以在遵循其讲话精神的前提下，在行文上展现一定的自主性、灵活性、创新性，不必完全照搬照抄讲话。例如，2023 年 8 月 18 日，福建召开纪念毛泽东才溪乡调查 90 周年座谈会，省委主要领导在会上指出，才溪乡调查蕴含着深厚为民情怀、严谨科学精神和务实工作作风。《福建日报》次日刊发的评论员文章《大力弘扬调查研究的光荣传统》提出，搞好调查研究，必须坚持实事求是的思想路线、人民至上的群众路线和普遍联系的系统观念。其中，"实事求是"对应"务实作风"，"人民至上"对应"为民情怀"，"系统观念"对应"科学精神"，既紧扣领导讲话精神，又没有照本宣科。

如果说社论、评论员文章写出新意有相当的难度，那么压缩其规模则是相对容易的。这包括两个方面：缩小系列评论的规模，避免动辄七八论甚至十多论；大幅减少单篇评论的字数。评论规模小了，可有效减轻读者的心理压力，提高其阅读兴趣，从而增加文章的实际影响力。例如，2013 年是福建省人大、政协换届年。按惯例，在这种年份，《福建日报》为两会开幕、闭幕刊发的社论，篇幅明显比平常年份长，以示重要，但当年《福建日报》的 4 篇两会社论，篇幅不但比平常年份短，与 2008 年同样逢换届的 4 篇相比，每篇篇幅还压缩了三分之一以上。这样的处理，没有引发任何问题。

具体地说，《福建日报》2008 年的省政协闭幕社论，正文字数达 1 648 字；而 2013 年 1 月 31 日见报的闭幕社论《携手共创福建更加美好的明天》，正文字数仅 947 字，比 2008 年减少 43%。另外，这篇社论没有诸如"圆满完成""胜利闭幕""热烈祝贺"等套话，并未产生什么不良影响。而 2021 年 1 月 27 日见报的省政协闭幕社论《砥砺奋进新征程　凝心聚力谱新篇》，正文字数更压缩至 938 字。这说明，对社论、评论员文章改革，包括领导干部在内的多数人是支持的，至少不反对，报纸自身的行动很关键。

在语言的运用和表达方式上，要努力创新，争取把文章写得生动活泼些。多用实在、新鲜、生动的话，尽量少用形式化的官话、套话、空话、大话。行文精练，高度讲究表达效率，紧紧围绕中心论点遣词造句，不蔓不枝，不穿靴戴帽，对论证论点不起作用的词句，尽量不用。善用各种修辞手法和句式，巧用各种文史掌故、名句名言，活用各种成语俗语，多运用一些新鲜的材料。

例如，《光明日报》近年来对元旦社论积极改革创新，令人耳目一新，其思路、技法、文风等值得各报借鉴。2022 年元旦社论《奋斗，惟有不懈奋斗!》，写得清新隽永、轻松活泼、文采飞扬，可读性强，其风格已接近晚报、都市报类媒体，体现了党报社论、评论员文章改革的方向，颇具代表性。

再如，2014 年 10 月 30 日至 11 月 2 日，习近平总书记到福建考察。从 11 月 5 日至 24 日，《福建日报》刊发相关社论、评论员文章共 8 篇，未引用古诗词、古文、名人名句；2021 年 3 月，习近平总书记再次到福建考察。从 3 月 27 日至 4 月 5 日，《福建日报》刊发相关社论、评论员文章共 10 篇，共 8 处引用古诗文、名人名句（不包括化用的古诗文、名人名句），这一组评论的文采、可读性总体上比前一组有较大提升。

标题制作在总体讲求庄重、平实、恰当的基础上，要力求具体、生动、精练，尽量口语化，抓住既能体现文章主旨又容易吸引读者的东西入题，尽力避免空洞和生硬地作号召、下指示。例如，2020 年 2 月 20 日，福建出台《企业和项目复工复产用工服务导则》，为疫情下外来务工人员提供一站式服务。2 月 22 日，《福建日报》第 1 版刊发的评论员文章《善于弹钢琴夺取双胜利》，标题就比较活泼。

3. 探索地方党报社论、评论员文章的时评化

在西方一些国家的报纸和国内晚报、都市报，社论一般是代表报社意见刊发的重要时事评论，这一点与我国党报社论不同——党报社论是代表党报所隶属党委的意见刊发的工作性评论。从长远和根本来看，地方党报的社论、评论员文章要想充分发挥应有的作用，也不妨探索走时评化的道路。

所谓探索地方党报社论、评论员文章的时评化，是指借鉴时事评论的理念和方法来写社论、评论员文章。可以考虑：社论代表一级党委，对本行政区域当前发生的、产生了极大影响的重要事件、现象、人物或问题发表评论，这一类应从严掌握；评论员文章代表报纸，对有较大影响的重要新闻事件、普遍现象、典型人物或关键问题发表评论，大体与西方国家的报纸和国内晚报、都市报的社论等同。

（1）写作理念时评化。

实践社论、评论员文章的时评化，首先是改变写作理念。如果把写作

社论、评论员文章比作舞龙，则写作理念好比龙头，引领并贯穿整篇文章写作的始终，从头到尾对写作发挥着潜移默化的影响。一旦实现理念的根本转变，从选题到写作的一系列环节都会跟着转变；理念不变，则其他方面难以发生根本改变。

部分传统的社论、评论员文章，主要站在传者本位，居高临下，以死板的、命令式的语言，我说你听，单向灌输，不讲宣传艺术，不管受众是否愿意接受，不管实际传播效果，只管让有关部门和领导看了满意甚至有看到就行。用这样的理念写文章，很容易导致老生常谈、空洞乏味、苍白无力等一系列问题。

拙著认为，既然通过新闻媒体进行宣传，就需要遵循新闻传播的规律，努力改进宣传的理念和方法，注重实际传播效果，尊重受众的主体地位，从管制型向服务型转变，变强制性灌输为平等沟通和提供观点信息服务。改革社论、评论员文章，不妨秉持时评写作的平民化态度，摒弃那些泛道德、泛政治化的说教，将传者本位和受众本位有机结合起来，更多地站在受众本位，充分尊重读者接收信息的兴趣和习惯，让读者不知不觉、心悦诚服地接受文章的观点，实现双向、良性互动。

（2）选题和立论时评化。

选题对决定一篇社论、评论员文章的成功，有重要的作用。选题好，能把党和政府的工作重点和社会热点、群众当前关心的问题紧密结合起来，容易引起读者的阅读兴趣。反之，自说自话，脱离读者，脱离实际，脱离生活，写没有实在意义、老生常谈的"空对空"，无论用语如何华丽，都难掩内在的空虚，很难引起读者的共鸣。

部分社论、评论员文章的选题，可以考虑像时事评论一样，尽量选具体实在、有较多可挖掘的内涵、预计读者会感兴趣的东西来评，包括具体的措施、现象、问题、事件、人物等。这样可评性较强，评论的意义和可阐发的空间比较大，容易言之有物，容易写出文采。

关于社论的选题，人民日报社高级编辑刘大保先生有一段论述值得参考："从新闻事业的群众性的观点来看，社论选题的范围应当在可能的情况下尽量放宽一些，也就是对社会生活的反映面更宽一些。例如环境保护、消费者权益、婚姻、家庭、道德、犯罪、安全等方面，都可能出现社会关注的热点问题，媒体也需要不失时机地抓住一些带有倾向性、典型性的问题，作为社论论说的内容，这样才能把社论写得更贴近社会，更贴近群众。"① 事实上，20 世纪 80 年代，《人民日报》刊发过不少题材贴近社会生活的社论，如《再也不要干"西水东调"式的蠢事了》（1980 年 6 月 15 日）、《勇于负责，敢于斗争——从处理双城堡车站事件中汲取教益》（1983 年 5 月 13 日）等，取得了良好的社会效果。

社论、评论员文章除了选题应力求"三贴近"，立论也应力求出新。新闻姓"新"，新闻评论作为新闻体裁的一种，同样姓"新"。从一定意义上说，看一篇新闻评论价值的高低，在导向正确、论证有力的前提下，主要看其观点的新颖程度，看其能在多大程度上启发读者新的、有价值的思考，取得新的、有意义的收获。一篇有新意的、成功的社论、评论员文章，能够引导读者从新的角度、更深或更高一层、更全面的视野来解读新闻事件；能够引导读者在纷繁复杂的新闻事件中把握关键和实质，从众说纷纭的观点市场中分清是非清浊，为读者解疑释惑、拓宽眼界、提高思想水平，有效引导社会舆论，整合社会共识，凝聚发展正能量。

当然，实事求是地说，在"人人都有麦克风"的时代，报纸要拿出绝对独家的观点，是有难度的，但这应当成为报纸努力追求的一个目标。所立之论，应当能揭示多数人想不到、想不完整或想不透彻的道理；那些多数人看了相关新闻报道就能想到、稍作思考就容易明白的道理，特别是耳熟能详的大道理，除非特殊需要，还是少写为宜。

（3）写作方法时评化。

社论、评论员文章虽然是一种严肃的公务文章，不允许作者个人随意发挥，但也不是从头到尾都得板着脸说话。在写作方法上，不妨放下身段，接地气，用读者乐于接受的方式和手法，把道理讲到读者的心坎上。

首先，尽量不用发号施令式的词语，以免引起读者反感。比如，多用"只要我们……就能……""我们相信……""……是……"这类句式，可以较好地代替"我们要……""我们必须……"这种语气生硬的句式。

其次，行文体现一定的人情味和亲和力，激发读者的情感体验和阅读兴趣，以提高文章的感染力和说服力。不少社论、评论员文章往往通篇缺乏真情实感，充满了例行公事、干巴巴的味道，很难让读者产生共鸣。读者是有思想、有感情、有能动性的活生生的人，所以，评论固然需要晓之以理，主要以理性的力量服人，但也得注意动之以情。

---

① 刘大保：《社论写作》，北京：中国广播电视出版社 2000 年版，第 144 页。

此外，注意用通俗易懂的语言和读者喜闻乐见的表达方式，将要表达的观点娓娓道来，不故作高深，不强词夺理，不无病呻吟，让读者心悦诚服。

要之，切实改进社论、评论员文章的文风，是新闻界改文风的重点和难点之一。报纸既需要大胆解放思想、转变观念，又需要精心谋划、循序渐进，力争使社论、评论员文章改革取得实实在在的成效。

# 第二节　新闻评论

随着民主、法治的进步，国民综合素质的提高，如同广大读者愿意读到大量的优质新闻一样，他们也愿意读到见解独到新颖、有一定深度和广度、能从中受到启迪、能自圆其说、写得轻松活泼的评论，特别是对社会普遍关注的热点新闻的评论。这类评论和优质新闻一样，也具有相当的可读性、休闲娱乐性；特别对在机关、事业单位、国企等工作的读者来说，他们通常有较高的综合素质，对优质的意见信息有强烈需求和阅读兴趣。

新闻评论多数刊发在报纸的评论版或评论专栏上，也有部分刊发在新闻版，还有一些是跟在新闻报道后头、专门为其配发的短评，作者包括本报人员和外来投稿者。报纸做好新闻评论，主要体现在评论的策划、组稿和编辑工作上。

## 一、在坚持正确舆论导向的同时，努力写出评论的新意

新闻评论有不同风格，有的旗帜鲜明，有的比较含蓄，但不管怎样，都是直接表达观点，表明对人物和事物的立场、态度，这是评论与消息、通讯等新闻体裁最显著的区别。正因为如此，报纸的新闻评论，特别要求坚持正确的舆论导向。

### （一）把握好坚持正确舆论导向和努力追求新意的平衡点

复旦大学新闻学院原院长米博华从事报纸评论工作多年，他指出："见解是关键。评论要讲谋篇布局、修辞语言，但第一位的是提出见解。观点

新颖，见解独特，有时修辞略显简陋，笔法略显稚嫩，仍是可观之作。……评论的认识价值应大于审美价值。"①

当前部分报纸新闻评论存在的最大问题，主要不在于舆论导向偏差，而在于为了追求绝对正确的舆论导向，导致大多数新闻评论不是老生常谈，就是放之四海而皆准，了无新意。有不少评论只要读者一看题目，就知道文章想说什么，多半就不想再读下去，比如《推动乡村振兴要动真格》《教师要讲师德》这类文章。在受众注意力早已成为稀缺资源、社会热点瞬息万变的今天，这种状况导致部分报纸的新闻评论不受欢迎，甚至无人问津。与县级、地级市报纸相比，级别高的报纸办报受制于更多因素，这方面的问题更突出一些。

坚持正确的舆论导向，绝不等于说评论只能发出一种绝对正确、义正词严、四平八稳的声音，不能有其他看法、其他角度，否则就被斥责为"杂音"。如果是这样，显然有违我国民主法治建设的方向，有违中国特色社会主义文化建设的方针。应当认识到，广大人民是有理性、有见识、有分辨能力的，只要遵守法律和道德，坚持四项基本原则、坚持习近平新时代中国特色社会主义思想的指导，在这个大前提下，应当允许大家畅所欲言。真理越辩越明，有不同观点互相交锋是一件好事，有助于开阔公众的思路和眼界，活跃全社会的思维，提高全民思考能力和水平，促进经济社会发展。

相关部门、相关人员应当从大局和公共利益出发，积极对报纸的新闻评论工作予以支持，鼓励在坚持正确舆论导向的前提下实现"百花齐放，百家争鸣"，为报纸提高新闻评论水平提供宽松的大环境。

以朱珉迕撰写、获得第三十届中国新闻奖三等奖的评论《"左右逢源"，还是"左右为难"》（刊发于《解放日报》2019年8月2日）为例。长期以来，我们经常在工作中强调，要坚持"既要……又要……"的辩证法，这是追求科学发展、全面发展、高质量发展的重要方法论，本身没有错。然而，在现实中，少数干部对基层求全责备、一味施压，甚至"既要马儿跑，又要马儿不吃草"，导致基层左右为难、动辄得咎、压力山大。为此，文章旗帜鲜明地指出，"基层干部是人，不是机器不是神"，呼吁杜绝求全责备，多为基层赋权、赋能，真正保护、激发基层干劲。

应当说，对上述问题的评论难度不小，特别是舆论导向不易把握，稍

---

① 米博华：《新闻评论实战教程》，北京：人民日报出版社2021年版，第2页。

有偏差就容易出岔子。这篇评论敏锐地抓住长期困扰基层的一个老大难问题，勇于涉险、敢说真话，富有问题意识和辩证思维，分寸拿捏到位，剖析精准、说理有力，在互联网上广为传播，可作为报纸评论如何在坚持正确的舆论导向和写出新意中求得平衡的范例。

**（二）新闻评论写出新意，可从观点、角度、材料和表达方式等方面入手**

一篇评论，如果在观点、角度、材料和表达方式方面都能体现新意，并且导向正确，那就是上佳的作品。当然，鉴于"历史总是惊人地相似"，同样的故事总是不断地上演，对重复出现的相似题材追求绝对出新，的确也不现实。但有些道理年年讲、月月讲，让老百姓耳熟能详，也是一种有效的普法教育。当然，如果报纸在评论同类事件时，能尽量写出新的东西，哪怕只有一点点，也值得鼓励。

1. 观点有新意

对某人或某事的评论有出人意料且令人信服的观点，让读者由衷赞赏，这是新闻评论有新意的最佳境界。新闻评论也是新闻产品的一种，在坚持正确舆论导向的前提下，求新也是最基本、最重要的要求。读者读一篇新闻评论，最大的希望是看到有新观点又能自圆其说的内容，给他思想上的启迪和不同寻常的阅读体验，以开阔眼界、拓展思路、增加见识、丰富阅历。这是读者最普遍的阅读心理。如果他们读了一篇新闻评论后没有新的收获，甚至对其中的陈词滥调产生反感，这样的评论就不算成功。

比如刘庆传、颜云霞写的时评《警惕"精致的形式主义"》（刊发于《新华日报》2020 年 10 月 12 日），荣获第三十一届中国新闻奖一等奖。这篇评论指出，当前一眼就能看出来的形式主义少了，新出现一种"精致的形式主义"，比如抓环境卫生，要求"厕所内的苍蝇不得多于 3 只"，或把地面灰尘扫起来过秤"以克论净"，等等。这种形式主义打着"精细管理""绣花功夫"的幌子，是形式主义的变种，是中看不中用的"绣花枕头"。由于它难以识别，危害性更大，是需要认真解决的新问题。这篇评论之所以能获大奖，关键就在于"精致的形式主义"是一种新发现，言前人所未言。

新闻评论能发前人所未能言，又能言之有理，这是评论工作者要努力追求的，当然这在"人人都有麦克风"的时代不易做到。退而求其次，虽然某个观点有人提出来过，但说得不够直接明确，或虽然直白说出来了，却没有进行过深入论证，在这种情况下，如果一篇新闻评论能够深入细致地对这个观点进行充分论述，也可以说观点有新意，只是"新"的含金量有所降低。从实践来看，多数称得上观点有新意的评论，属于这种情况。

以笔者撰写的时评《以 GEP 核算驱动主体功能区战略》（刊发于《福建日报》2021 年 4 月 9 日观点版）为例。我国于 2013 年在内蒙古试点 GEP（生态系统生产总值）核算机制，所以 GEP 核算已不是什么新话题。然而，将这个机制运用于驱动主体功能区战略的好处、前景等问题，却是这篇时评见报前评论界偶有粗略提及、没有展开详细论述的。所以，笔者以广东省深圳市 2021 年 3 月发布我国首个完整的 GEP 核算制度体系为新闻由头，提出"今后，对限制开发区域和禁止开发区域，可以试点全面考核 GEP；对优化开发区域和重点开发区域，则可以试点部分运用 GEP 核算制度体系，或试点 GDP 和 GEP 双轨考核"。这就体现了这篇时评一定程度上的新意。

写出或编出有独到观点的高水平评论，不但需要评论工作者有较高的思想水平、丰富的知识储备、一定的生活阅历、相当的文字表达能力，还需要以公共利益为重的品质。若一个一心只想为自己考虑、惯于阿谀奉承的人，是很难写出或编出真正高水平、受到读者欢迎的评论的。学界和业界较少注意到新闻工作者的品性对工作质量的影响这个因素，这个问题实际上相当重要，因此在这里特别强调。

2. 角度有新意

人类社会错综复杂、变化多端，人物、事物都有多个方面的特点和发展可能性，所以同样一个观点也常常可以从几个不同的角度来论证，也就是所谓的"殊途同归"。这样，即便观点是读者已熟知的，但如果能从一个新的或者说较少有人涉及的角度进行论证，仍然能使读者读后有新的进益，特别是当这个角度很重要并且鲜为人知时。当然，一篇评论若只是角度有新意，与观点有新意相比，其价值是大为降低了。

以笔者撰写的时评《给城市留一片看星星的天空》（刊发于《内蒙古日报》2018 年 1 月 22 日）为例。此稿批评一些城市热衷于打造夜景工程，造成严重的光污染。光污染已经是一个老问题，观点上并无多少新意，然而，过去媒体批评光污染，主要集中在两个角度：一是防止光污染损害居民的生命健康，二是防止光污染扰乱动植物的生息、破坏生态平衡，笔者则从《杭州市城市照明管理办法》中找到第三个角度——该办法在国内第一个提出划定城市黑天空保护区，目的是保护生态环境，让居民能常常看到星星。笔者由此提出，"璀璨夺目的星空，是大自然馈赠人类的最美礼物之一，激发了人类无穷的好奇心、想象力和创造力，催生了大量的科学、文化成果，也承载着无数游子心底深处的乡愁"；我们在抓发展的同时，也要注意抓环保，为居民找回消失的那片星空，满足人们精神的需求。

3. 材料和表达方式有新意

如果一篇评论的观点和角度都平淡无奇，只是用了最新或大家平时少见的材料来论证，与角度有新意的评论相比，其价值就更低了。不过，如果材料涉及名人、重要历史事件或极为难得等，也可以提高文章的可读性。价值最低的是连有意思的新材料都没有，只是文章的表达方式有新意，如话语方式、篇章结构、修辞手法等，这是一种徒具表面形式的新意。当然，多少有一点新意的文章总好于了无新意的文章。

## 二、体现担当精神和高度责任感，重大事件、热点问题不回避

除了观点往往缺乏新意，在评论题材上常常回避重大事件、热点问题、突发事件，是部分报纸新闻评论普遍存在的另一个问题。

每逢重大事件、热点问题等发生，特别是涉及党和政府形象、社会稳定和谐的，不少报纸常常因为害怕问题"敏感"，把控不好而引发"舆情"，给自己造成麻烦，于是在评论上都尽力予以回避或作淡化处理，久而久之，成为一种高度自觉，甚至作茧自缚。而对读者来说，他们对自己很感兴趣的重大事件等，常常看不到当地报纸是怎么评、怎么说的，久而久之，就会丧失对报纸评论的信任和期待。

事实上，除了极少数涉及国家安全等重大敏感性问题的确不宜评论外，对绝大多数重大事件、热点问题、突发事件，报纸是可以发出自己的声音的，也应当发出自己的声音。报纸作为公共文化产品的重要生产者，有责任、有义务、有能力在群众关心的重大事件等发生时，及时发出理性、有见地、有深度、有高度的声音，不缺位、不失声，积极引导舆论、启迪民智、维护公共利益、促进社会进步，为公众提供高品质的观点财富，树立"有大事，看本报"的权威和品牌。

对绝大多数重大事件等，报纸不是不能评，关键在怎么评，要拿捏好火候、分寸和实效，把握准大政方针和舆论导向。例如，刘雪松撰写的《不信东风唤不回——也说李嘉诚撤资》（刊发于《浙江日报》2015 年 9 月

22 日），荣获第二十六届中国新闻奖三等奖。当时，作为多年的亚洲首富，香港商人李嘉诚大举从内地撤资，掀起了一场舆论风波。李嘉诚在中国商界、政界和全球华人圈均具有较大影响力，其撤资无疑是相当"敏感"的话题，媒体特别是党报评论不得当可能会引发难以预料的后果。面对这个社会高度关注的热点问题、敏感事件，《浙江日报》迎难而上，及时在头版发表了这篇评论。评论不涉及政治话题，指出撤资是"在商言商"的基本规律，也是中国法律和市场经济的属性赋予李嘉诚的权利，不必大惊小怪；只要深化改革，完善法治，优化环境，"李嘉诚们"今后觅到商机，依然会不请自来。评论发表后，产生了积极的社会反响，充分体现了党报引导舆论之"定海神针"的作用。这也是当时极其罕见的敢于评论这一事件的党报评论，充分体现了党报的智慧、勇气和定力。这也充分说明，报纸要敢于在社会普遍关心的热点事件面前发声，不必畏首畏尾、作茧自缚。报纸只有积极实践，才能积累丰富的成功经验，越做越顺手、拿手，同时也有利于培养写作人才；另外，也可以为党委和政府把控热点问题、重大事件的舆情，提供观察窗口和积累应对经验，让相关领导干部"脱敏"，对新闻评论有越来越理性、全面、深刻的认识，这显然有利于为新闻评论创造良好宽松的大环境。

当然，不是说冷门、不受舆论关注的题材就不值得做评论。有的事件、现象虽然看似很小，不引人关注，但它代表一种不引起重视就可能引发大问题的苗头，或一种社会发展的大势所趋，或一个实际上事关重要公共利益但因种种原因受到普遍忽视的问题，等等，实际上也很值得报纸新闻评论的关注。能敏锐地发现这类题材，恰恰需要很高的思维水平、独到的眼光、高水准的专业能力和长期在评论园地的耕耘。例如，郭光东于 1998 年12 月 2 日发表在《中国青年报》的时评《国旗为谁而降》，写的是当时几乎无人关注的冷门题材，却因立意高远、独具慧眼、闪耀着人性的光辉，成为中国新闻史上的经典名作，屡屡被提及。时评第一次提出，根据国旗法规定，发生特别重大伤亡的不幸事件或者严重自然灾害造成重大伤亡时，可以下半旗志哀。1998 年的长江流域大洪灾，造成上千人遇难，政府应当以下半旗的仪式寄托全国人民的哀思，体现国家对普通公民生命的珍重。

## 三、编辑好新闻评论版

新闻评论属于新闻的一类体裁，讲究时效。特别是在新闻事件层出不穷、传播途径多样、传播速度极快的当下，读者对社会热点的注意力很容易转移。一周 5 个工作日，有时评版的报纸最好能够安排 3 期；只有时评专栏的最好每天安排 1 期，否则会导致时评时效不足，跟不上读者阅读需求，在激烈的竞争中处于劣势，不利于增强报纸时评的权威性和影响力。

当然，鉴于当前部分公共媒体采编工作不扎实，特别是轻信没有受过专业训练甚至别有用心的自媒体提供的新闻线索，导致"反转"新闻不少。报纸评论不可跟着新闻亦步亦趋，一般情况下不必急着抢第一落点，否则容易"翻车"，影响报纸的声誉。对热点新闻，报纸不妨等一等、看一看，过一两天再刊发相关评论，这是较为可行、兼顾时效和事实的稳妥做法，这样也有充分的时间把文章写得扎实些。总的来说，新闻评论以思想见长，其时效性可以比新闻略差一点。

### （一）培养本报专业、优秀的时事评论员和编辑

事实上，对多数报纸来说，有更大"四力"的评论，往往是可读性较强、比较接地气的新闻评论，而不是工作性评论。报纸应当重视培养时事评论员，有条件的报社还可以根据个人特点，对其进行专业化分工，如有人主攻经济评论，有人主攻法律评论，这样可以培养出高水准、有影响的专业领域评论人才。如果人手一时不足，可在采编人员中选择几位基础好的作为兼职评论员，不定期向他们约稿、与他们共同讨论业务，不断提高他们写作新闻评论的水平。

另外，报纸还应重视培养高水准的、能长期从事本职业的时评编辑，最好能做到时事评论员和时评编辑合一。报社应鼓励他们多读书多思考，有机会多到基层第一线采访、参观、学习，从中获取鲜活、独家、有价值的时评题材；培养他们具备扎实的文字功底、完善的知识结构、较高的思想水平、较强的创新意识和能力等综合素质，能写会编善策划。只有这样，才能从根本上改善和逐步解决报纸时评存在的普遍性问题。

### （二）向外约独家、高质量的稿件

有条件的报社，在经过策划、确定选题后，可向一些学有专长、写作水平较高、责任心较强的报外作者独家约稿。报纸还可以与各学科一些有建树的专家联系，建立一支相对固定的专家评论员队伍。遇到适合的题目，可向其独家约稿。专家写的稿件主要讲究专业和深度，同时又要力求通俗

易懂，报纸应当引导专家如何把相关稿件写得适合目标读者，避免艰深晦涩。编辑平时应多与报外骨干作者、相关专家保持联系，密切交流，培养感情。报纸还应当舍得为专家们高水平的独家稿件支付有竞争力的报酬，使他们乐于为报社写稿。须知，真正高水准的评论是有钱难买的。不少报纸不重视这个问题，稿费较低，在一定程度上影响了专家写稿的积极性、主动性和创造性。

### （三）精心选稿、精心编辑

多数报纸的时评版面和专栏，目前依然主要依赖自发来稿。现在不少报外作者为了赶时效，常常没有认真打磨稿件，也喜欢一稿多投。对报纸来说，可以精心选择那些视角相对独特新颖、言之成理又适合报纸刊登的来稿，予以精心编辑，精耕细作。除了做好核对事实、改正错别字、理顺句子逻辑等常规性的编辑工作外，还应努力在提升稿件立意、完善相关论证、补充或更新论据等方面下功夫，全面、较大幅度地提升稿件质量，使相关稿件在一定意义上成为本报的独家稿件。

#### 1. 提升立意

"欲穷千里目，更上一层楼。"一个新闻事件往往可从几个角度来评，不同角度的立意高低不同。立意不高是外来投稿的常见问题，这主要是因为作者本身思想水平不高，或思考相关问题时站位不高，看得不够远、不够深入、不够全面。一个好题材如果选择立意不高的角度，就比较可惜，编辑应当努力予以提升。

以《福建日报》2013年10月29日第10版评论《贪官，你究竟有几个好"兄弟"？》为例。作者原稿的主要观点是：江苏省南京市原市长季建业等部分官员与商人称兄道弟，公私不分，这是自掘坟墓。编辑认为，原稿没有总结出这种行为的实质是什么，论述还停留在表层和个案上，于是作了若干补充论述，例如补充"一些官员与房地产商称兄道弟，公私不分，形成官商利益共同体。在他们那里，没有法律只有义气，没有原则只有私利，一些官员已经染上浓厚的江湖习气，变成了十足的江湖人士"。经过精心编辑，全文的立意得到升华，原稿水平有了较大提升，虽然此稿已提前在其他报纸发表，但《杂文选刊》2013年12月（下）仍转载了发表在《福建日报》的这一篇。

#### 2. 完善论证

文章观点基本可取，但因为作者赶时间写稿等原因，没有展开进行深入、扎实的论述，导致论证不充分、不完善，行文逻辑不严密，这是外来投稿常见的问题。

例如《福建日报》2013 年 10 月 18 日第 10 版时评《"演讲比穷"是一种伤害》，原稿批评沈阳大学某学院为了准确认定贫困生资格，让有关学生上台"说穷"、台下投票，这样严重伤害了贫困生的自尊心。编辑上网查看了各方面的意见，认为该学院这么做当然不妥，但也事出有因：现在部分大学生及其家庭为了获取助学金，隐瞒家庭实际经济情况，开假证明。对高校来说，准确鉴别贫困生确有一定的难度。因此，编辑认为，原稿一味批评学校实属不妥，没有一句话提及大学生自身存在的问题，显得有些失衡，对被批评的高校也不公正。于是，编辑加上一句："助学金名额有限，为了把钱用在最需要的人身上，确实需要一些办法来甄别。"也就是先肯定学校此举的出发点是好的，不全盘否定人家。这样，使全文说理显得更加客观、全面，学校也容易接受。

3. 补充论据

文章论点正确但论据不够充足，或用来作论据的材料针对性不强，导致文章"悬空"，说服力不强，也是外来投稿的常见问题。

以《福建日报》2013 年 11 月 1 日第 10 版时评《放飞"一元钱"创业的梦想》为例，作者在评论国务院部署推进公司注册资本登记制度改革时指出，市场准入门槛偏高，是困扰企业尤其中小企业发展的"老大难"问题。推进公司注册资本登记制度改革，有利于激发民众的创业热情，压缩有关部门权力寻租的空间，对推动企业特别是广大中小企业的发展意义重大。但是，作者原稿只是从理论上对这一点作了阐述，缺乏事实论据。编辑上网查询发现，早在 2012 年 3 月，广东已先行启动注册资本登记制度改革试点，效果良好，并有数据支持：2013 年 1—9 月，广东新登记各类经营主体 80.50 万户，其中新登记企业 24.76 万户，分别同比增长 21.90% 和 30.57%。于是，编辑将这一组数据补入作者原稿，使得全文既有理论论证，又有事实论据，进一步凸显了国务院这一改革的重大意义。

4. 遣词造句、语法、逻辑等方面的技术性修改

有的投稿者写时评有见地、有思路，但文学素养不高，写作基本功不扎实，来稿经常在修辞、语法、逻辑等方面出现一些技术性问题，需要修改；还有的写了些与主题无关的话，应当删去。

例如《福建日报》2014 年 1 月 25 日评说版刊发的时评《贪占强迫症与

送礼强迫症》，原稿有一定新意，总体可用，编辑基本只是对全文作遣词造句、语法、逻辑等方面的技术性修改，不作大的变动。以最后一段为例，原稿为："人的贪欲与钻营，只有在规则不强、代价不大的时候，才会格外的活跃。所以说，禁令与反腐，已经摸准的社会心理的脉门，棒喝'谁不送惦记谁'的贪占、平复'不送礼心不安'的忐忑，唯一的路径，就是让它们义无反顾、不打折扣地执行下去，直到良币彻底驱逐劣币，雾霾般的社会环境彻底恢复健康。别无他路。"

经修改后见报的此段文字为："人的贪欲与钻营之心，只有在明规则不强的时候，才会格外地活跃。所以说，只有让禁令义无反顾、不打折扣地执行下去，直到良币彻底驱逐劣币，才能驱散'雾霾'，彻底恢复天朗气清的环境。"

5. 严守法律规定

报纸不论是报道还是评论抑或其他类型文章，都应带头遵纪守法。投稿者往往因法律素养不足，稿件时常有违反法律法规的表述，编辑应当予以重视。

以《福建日报》2014 年 7 月 11 日《王"大师"的"护身符"到底是什么》为例，原稿第一段最后一句说："但令人惊奇的是，贪官落马了，王'大师'至今仍逍遥法外。""逍遥法外"指的是犯了法的人仍自由自在。江西"气功大师"王林虽然涉嫌杀人、诈骗、行贿、非法行医等多项犯罪，但他被捕后因身患重病，直到其 2017 年病死，法院都没有作出有罪判决。根据刑事诉讼法规定，未经人民法院依法判决，对任何人都不得确定有罪，于是编辑将"逍遥法外"改作"逍遥"。

当然，编辑也应当尽可能尊重作者的写作风格、独特个性，在整篇来稿总体可行的情况下，最好只作技术性处理，可改可不改的尽量不改。有的编辑水平未必比作者高，却常常把作者的来稿改得体无完肤。改得多不一定改得好，还会增加改出差错的概率。认真编辑来稿和尽量尊重来稿，也是编辑需要把握好的辩证关系。

## 四、精心打造新闻评论名专栏

不论一家报纸有无专门的新闻评论版，都应树牢品牌意识，举全社之力，努力打造评论名专栏，使之成为体现本报"四力"、深受读者喜爱和信赖的拳头产品，典型的如《人民日报》的《人民时评》、《北京日报》的

《长安观察》、《宁波日报》的《明州论坛》等，都是长期苦心经营的成果，曾获中国新闻奖"新闻名专栏"的荣誉。如果把评论版比作一个人，名专栏就好比这个人的眼睛；眼睛有神采，整个版面就立起来了。这也就是品牌效应。考察一个新闻评论专栏的水准、影响力，有一个重要的、客观的衡量指标：看该专栏文章的报刊转载率（网络转载较容易），特别是一年来被名报名刊、大报大刊转载的频率。

《宁波日报》时评版的《明州论坛》自 1980 年 4 月 20 日创设，2020 年获评第三十届中国新闻奖一等奖，可谓"40 年磨一剑"。该报高级编辑易其洋为此专门撰文介绍经验。以下是该文节选。

### 高度重视，精心培育①

40 年里，报社领导换了好几任，《宁波日报》也多次改版，但《明州论坛》从未中断，这在浙江新闻界独一无二，在全国也属罕见。

做到了"三个落实"。一是版面落实。一个专栏，只有保持一定发稿量，才有影响和效果。现在，作为"时评"版的头条，每周刊出 3 期。二是人员落实。《明州论坛》一直配有专职编辑，由部主任和分管副总编审稿。三是政策落实。《宁波日报》的评论稿费和版面编辑费一直高于新闻。报社从工作需要出发，尽量让评论编辑参加一些重要会议，掌握一些重要精神。报社每年至少召开一次评论工作座谈会。

日报评论工作确立的目标是"取法乎上"。为此，早在 1992 年，报社领导就支持理论评论部发起成立了全国 14 个开放城市党报理论研讨会（后改为"全国副省级城市党报理论评论研讨会"），每年一次的例会坚持至今，邀请大报的评论部主任讲课，创造了与高水平同行交流学习的机会，拓展了评论编辑的视野。

创造宽松环境。《明州论坛》所刊发的评论，有不少是针砭时弊的，难免有人对号入座；发了四五千篇稿件，也不可能没有一点儿偏差。遇到这种情况，市委领导和市委宣传部都以婉转的方式指出，尽量不给报社和作者、编辑压力。报社领导除了给政策、出题目、提思路、严把关，遇到事情，还勇于挑担。当《明州论坛》有所成就时，报社和市委宣传部都会肯定表扬，给予奖励，支持和推动栏目创新。

---

① 易其洋：《几代报人精耕细作的"方寸地"——写在〈明州论坛〉参评中国新闻奖名专栏之际》，《城市党报研究》2020 年第 11 期。

## 立足宁波，放眼全国

评论专栏的生命力，在于一个"专"字，专即特色。"专"字很大程度上取决于和体现为专栏的定位。1996年，编委会对《明州论坛》重新定位：时政性、地方性、群众性的中型评论专栏。这使得《明州论坛》与社论、评论员文章、述评、小言论、短评、编者按等既明显区别，又相互补充，进入了一个全新发展阶段。

地方报纸的评论专栏要办出特色，很大程度上取决于它的地方特色。《明州论坛》的鲜明特色是"本土化"，编辑选稿尽量坚持"两头在内"——本地人写本地事，至少也要一头在内——或作者是本地的，或由头是本地的，或外地的由头与宁波有关联的。《明州论坛》的"本土化"程度一直保持在75%以上，且大部分是"独家产品"。"本土化"的主要目的和最大好处是，增强了评论的接近性，提高了读者的关注度，更好地发挥了针对性和引导力。

《明州论坛》强调"专"、强调"本地化"，绝不是闭塞眼睛、囿于一域，更不是坐井观天、自说自话，而是既立足宁波，又放眼全国，坚持选题的贴近性和多样性，只要是干部群众所关心的话题，不管它发生在哪里，都可以拿来评论。

## 题材广泛，把握精当

40年里，《明州论坛》特别注意选取反映社会生活中新冒出的事物和问题的稿件，留下了"思考的印痕"，也成为时代的一部分、历史的一部分。

开设评论专栏，追求题材广泛，首先面临的难题是"谁来供稿"。多年来，《明州论坛》编辑选稿坚持"论稿不论人"，只要来稿有可取之处，都认真修改，精心编发。不光发好作者的稿子，还时不时与作者联系，听听他们"有什么"，说说我们"要什么"。《明州论坛》还经常性地举办专栏评论培训班和笔会，组织评论作者交流，每有"大事"，都会召开座谈会，请大家出主意、想办法、写稿子。一些"跑线记者"信息多、反应快，编辑动员他们写"对口评论"，也是在培育评论作者。经过努力，《明州论坛》长期拥有一支比较稳定、不断更新的作者队伍，一直保持近三十人的规模。这些人，多是不同领域的行家里手，既善于观察，又勤于思考，所写评论见解独到、贴近生活、文风清新，很受读者欢迎，也使栏目长期保持了题材的广泛性、内容的贴近性和风格的多样性。

对于一些主题，特别是有争议性的话题，往往不是一篇评论、一个人就能讲清楚的。《明州论坛》的做法是，组织系列评论或专题评论，大题小作，化整为零，让大家从不同角度展开论述。多元群体、多样话题、多彩表达，既体现民主讨论、平等交流的良好氛围，又能把有些复杂的问题讲透讲清楚，还能从自由来稿中发现和挖掘出"会写的人"。

### 大题小作，就事论理

《明州论坛》所关注的是大事、大局、大势、大弊，而不是小事、琐事、"专事"。这不是说，关注"大"就得大道理、大口气、大词语，抽象空洞，而是说，写作时，一般以一个新闻事实或社会现象作为议论生发的"由头"，选取一个小角度展开论述。因为选题从小处入手，由表及里、由浅入深，就容易达到以小见大的效果；因为是以具体的事件为"由头"展开论述，理从事出，就事论理，就能很好地实现事理交融，更容易让人理解和接受。

### 风格多样，特色鲜明

《明州论坛》的编辑选编稿件，只看观点是否正确，论述是否到位，对于写法、用词等，则完全尊重作者。长期坚持，形成了鲜明风格：一是"精"，文字简洁，要言不烦；二是"实"，就实论虚，理从事出；三是"平"，平等交流，平心静气；四是"活"，语言平实，活泼生动。

## 五、评论的媒体融合探索

评论以思想见长，缺乏新闻报道那样的故事性，所以其新媒体传播方式与新闻报道不同，特别强调聚焦热点、观点出新、一针见血、短小精悍、生动活泼，以免受众因冗长空泛和了无新意的说理产生厌倦。其中，由于短视频综合了影像、动画、图片、声音、文字等介质，直观、生动、简洁，表现力丰富，不少报纸尝试通过这种方式传播评论，取得不错的效果。

拙著以为，在主播播报评论时，屏幕上作为背景的影像、动画、音乐等不宜过多过杂，以免喧宾夺主，干扰受众思考、分析、评判评论内容。对短视频评论来说，影像、动画、音乐等是双刃剑，配置得当可增强评论说服力、接受度，配置不好反而可能失分。此外，报纸及其新媒体在评论方面虽然各自相对独立，但也应当相互配合，避免完全"两张皮"、各做各的。比如，对同一个热点事件，报纸和新媒体的评论可以在角度上互相错开、互相补充，发挥 1+1>2 的集成效应。

例如，《光明日报》视频号团队很早就开始尝试把报纸评论文章转化成短视频传播，开启专栏生产的第一步。评论是《光明日报》的一大亮点，《光明日报》系列述评、光明网评论员文章等，以生动的语言、活泼的形式在互联网上展示出了《光明日报》的气魄与锋芒，很好地发挥了舆论引导作用。为了将评论观点转化为短视频传播，视频号编辑通常需要选取一些关键的观点金句，配音制作成几十秒的短视频，并在《光明时评》专栏发布。已发布的《脑瘫少年高考 623 分，励志！》等作品，单条视频即收获点赞量超过 10 万、播放量超过 1 000 万次。由此，一条短视频不止停留在热点本身的介绍上，更让理性的声音及时引导舆论，同时也进一步打响了《光明时评》的品牌名号。①

2022 年 7 月 27 日，《福建日报》新闻评论部也和本报客户端"新福建"合作，推出《闽视评》短时评专栏，主要评论社会热点。"新福建"主要对评论部提供的文本作口语化的编辑，比如加上"啊""呢"这类语气词。以笔者撰写、2023 年 6 月 15 日播出的《尊重事实 尊重他人 尊重规则》为例，全文 318 字，播出时长 1 分钟。播出文本如下：

最近，"广州地铁大叔被质疑偷拍"事件持续发酵。事件女主角张某之所以惹众怒，主要是因为她身为名牌高校新闻专业研究生，不顾"真实是新闻的生命"这一最基本原则，不尊重事实，不尊重他人，不尊重包括法律、道德和校规在内的规则，为了张扬自己的权利，肆意捏造事实，侮辱他人人格，践踏他人权益，其言行与其身份形成强烈反差。

尊重事实、尊重他人、尊重规则，是一个人立身行事的根本，也是社会进步的基础、国家发展的保障。

种瓜得瓜、种豆得豆。不知敬畏、不守底线者必将自食其果。这个事件呢，给全社会上了一堂生动的法治教育课和人文教育课，除了张某，有关方面也不妨反思事件暴露出的一系列问题，尽早补缺堵漏。比如，如何

---

① 王子墨、张雪瑜：《抓住短视频新风口——光明日报视频号媒体融合的探索》，《中国记者》2022 年第 8 期。

加强大学人文教育，如何进一步依法治理网络暴力，等等。

## 六、"时评杂文化"辨析

时评和杂文都属于议论文，都强调紧扣现实，有理性思辨色彩，二者似有趋合体的迹象。近年来，"时评杂文化"成了一个热门话题，这个理念受到不少人推崇。笔者以为，这个问题需要辩证看待。一味强调"时评杂文化"，恐怕会导致时评走上歪路，不利于时评的健康发展。

时评属于新闻类作品，要遵循新闻规律；杂文属于文学类作品，要遵循文学规律，这是二者的根本区别。正因为如此，时评虽然可以也应当吸取杂文的优点为己所用，但这种借鉴是有限度的，其底线就是不能使时评丧失作为新闻作品的固有特质。也就是说，时评固然可以向杂文学习，但一旦"杂文化"，就走上了极端，就不再是新闻作品了。因此，"时评杂文化"从理论上说是不严谨的，在实践上也是有害的。

举例来说，时评作为新闻评论，论证过程讲究逻辑严密、环环相扣；说理要求理性平和、以理服人；行文宜不蔓不枝、注重表达效率。而杂文作为文艺作品，强调形象地说理，讲究文采，提倡嬉笑怒骂，可以用夸张、讽喻、影射、双关等修辞手法来代替严谨的逻辑推理，文章结构也比较灵活。所以，时评尤其是报纸时评虽然可以吸取杂文生动活泼、可读性强的优点，尽量多一些文采，尽量避免板着脸孔说理，但行文必须始终做到结构完整、逻辑严密、层次清晰、简洁明快；语言也不宜过于跳跃和情感化，否则就会影响表情达意的精确性，削弱理性的力量。打个比方，时评是穿西装，杂文是穿便服；穿西装固然可以不必穿得太正规，不一定非得配领带，但也不能随便到像穿便服。

第七章

# 报纸副刊

　　报界有句老话，叫作"新闻招客，副刊留客"。意思是说，新闻有利于快速吸引读者眼球，刺激购买欲；副刊则有利于慢慢培养读者对阅读本报的兴趣，最终留住读者。这句老话说得不一定全面，但从一个侧面道出了报纸副刊的重要性。在如今的信息时代，做独家新闻不易，报纸的新闻雷同化较为严重；而理论、文艺等副刊作品却容易由一家报纸独家组织、独家使用，其他媒体往往事先难以知晓。因此，办得好的副刊比新闻更容易做出特色，好比特色招牌菜，很能体现报纸的文化软实力，能长期吸引读者。

　　所以，副刊不"副"。报纸副刊具有多方面的社会功能：宣传党的方针政策，传播文化知识、思想和理论，积累文化成果，为科研提供理论、文艺等各种资料，促进文化事业发展，引导社会风尚，丰富读者文化生活，提升全民思想文化素质和精神生活质量，培养文化人才等，其重要性绝不可轻视。在竞争激烈、生活压力大、运转节奏快的今日社会，副刊是人们调节身心、积蓄力量的重要精神绿洲。尤其是有高度、有内涵、有特色、有趣味的报纸副刊，对提升报纸"四力"具有重要作用。河北大学新闻传播学院田建平教授还提出"副刊与新闻对等"理念：那种认为副刊依附于新闻的理念只是符合副刊产生之初的实际，已不符合当代的实际；副刊与新闻存在内在联系，但从理论到业务均自成相对独立的系统，各有其相对独立性，同等重要；副刊具有传播的主体性，有独立的话语体系和话语权力，并不依附于新闻。[①]

如果说新闻讲"新闻味"，重在传播信息，副刊就特别讲"文化味"，重在传播文化。一家报纸副刊的文化品位在相当程度上决定了该报的文化高度。阅读报纸副刊的内容，包括理论、读书、文艺、文史、美术、综艺等百花园地，内容丰富多彩、各具特色，读者从中可以轻易感受到与新闻明显有别的浓浓的文化味。可以说，副刊的本质特点、竞争优势就是文化，尤其讲究传播和建构有格调、有品位、有境界的优秀文化，这是由其所传播的主要内容所决定的。也正因为如此，对副刊编辑的文化素质的要求很高，有的编辑本身就是某个文化领域的知名大家。

囿于篇幅，拙著只讨论各报基本都有、最有代表性的理论版和文艺版。

# 第一节　理论副刊

理论工作是党的宣传思想工作的重要组成部分。报纸理论版作为开展理论工作的重要阵地，主要有理论研究、理论教育和理论宣传三大功能。

理论研究就是广大研究者依托报纸阵地，一方面以马克思主义基本理论为核心研究内容，对党的创新理论进行体系化、学理化研究阐释，与时俱进推进理论创新，不断丰富发展马克思主义，推动马克思主义中国化、时代化不断取得新成果；另一方面主要为党委和政府承担应用性的理论路线方针政策研究，解决工作中的实际问题和广大党员干部群众关心的热点难点问题。理论教育就是报纸以马克思列宁主义、毛泽东思想、邓小平理论、"三个代表"重要思想、科学发展观，特别是习近平新时代中国特色社会主义思想为核心内容，通过刊发相关理论文章，培养广大党员干部群众的马克思主义理论素养和共产主义信仰，使他们掌握马克思主义的立场、观点和方法。理论宣传就是报纸通过刊发理论文章，重点宣传习近平新时

---

① 田建平：《当代报纸副刊及其媒介转型》，北京：中国传媒大学出版社 2019 年版，第 4－9 页。

代中国特色社会主义思想，进一步推动马克思主义大众化，将党的理论创新成果迅速传达给广大党员干部群众并入脑入心，巩固马克思主义在意识形态领域的指导地位，巩固全党全国人民团结奋斗的共同思想基础。

理论研究、理论教育和理论宣传都是理论工作的重要组成部分。做好理论研究是扎实进行理论教育和理论宣传的基础，而理论教育和理论宣传的有效开展可以不断推动理论研究的深入。它们之间是三位一体的关系，密切联系、互相影响，彼此间很难截然分开。报纸的一篇理论文章也常常兼具理论研究、理论教育和理论宣传两方面甚至三方面的功能。鉴于拙著的定位，这里主要讨论理论宣传。

## 一、报纸理论宣传的地位和功能

在党的宣传思想工作中，理论宣传具有基础性的地位，是加强我党思想理论建设的重要内容和重要途径。我党一贯重视在报纸开展理论宣传工作。报纸作为新闻纸，依靠党的执政力量，可以迅速、大范围地把党的创新理论送入寻常百姓家，是党进行理论宣传的重要阵地。

报纸理论宣传具有以下重要功能：巩固马克思主义在意识形态领域的指导地位，巩固全党全国人民团结奋斗的共同思想基础，坚持以社会主义核心价值观引领文化建设，以科学的理论武装全党、全国人民，为广大党员干部群众释疑解惑，拥护"两个确立"、增强"四个意识"、坚定"四个自信"、做到"两个维护"，提高广大党员干部执行党的决策部署的积极性、主动性、创造性，配合和促进中央、地方当前的中心工作。这是报纸应尽的本职，也是提升报纸的"四力"的重要抓手。

当前关于报纸理论宣传的研究较为薄弱。著作方面，蒙应的《报纸理论文章写作导论》（新华出版社 2000 年版），对报纸理论宣传、理论文章写作作了系统探讨；李磊明的《党报理论宣传新论》（浙江大学出版社 2012 年版），是作者所写相关论文的汇编。此外，笔者没有搜索到这方面的博士学位论文，硕士学位论文仅查到三篇：2001 年的《试论报纸理论宣传的改革创新》，作者为广西大学的李庆林；2007 年的《十六大以来党报理论宣传研究》，作者为中国传媒大学的翟方明；2013 年的《〈光明日报〉理论版研究》，作者为黑龙江大学的赵丽。

## 二、做好理论宣传的基本要求

今天，报纸的理论宣传面临复杂严峻的形势。逆全球化思潮抬头，单边主义、保护主义明显上升，世界经济复苏乏力，局部冲突和动荡频发，全球性问题加剧，世界进入新的动荡变革期。我国改革发展面临不少躲不开、绕不过的深层次矛盾，党的建设特别是党风廉政建设和反腐败斗争面临不少顽固性、多发性问题，来自外部的打压遏制随时可能升级。正是在上述时代背景下，马克思主义一元化指导思想日益面临多样化社会思潮的严峻挑战，社会主义核心价值体系日益面临市场逐利性的严峻考验，西方各种敌对势力的思想渗透无孔不入、有增无减，传播格局深刻变化导致争夺意识形态话语权的斗争更加尖锐复杂。

也正因为如此，社会各阶层的人都面临着不少前所未有的问题和困惑，亟须得到科学、有力的解答。特别是随着经济社会的发展，民主和法治的进步，公民综合素质的提高，全社会的思想日趋解放、日趋活跃，人们的求知欲越来越强烈，越来越渴望"知其所以然"，全面、深入、准确地了解新事物、新观点、新趋势等。在这种情况下，新时代报纸理论宣传肩负重大责任，也大有可为。和新闻报道、评论相比，理论宣传的主要任务是，直接、深入和全面地宣传马克思主义的基本原理，宣传马克思主义中国化时代化的最新成果，宣传习近平新时代中国特色社会主义思想，宣传党的理论、路线、方针和政策，解答党员、干部和群众关心的思想理论问题，筑牢党长期执政的思想理论基础。

当前部分报纸理论宣传普遍存在的共性问题有：在题材方面，类似工作总结、低水平重复文件内容的较多，贴近实际、深入解读热点、难点、焦点问题的较少；在内容方面，有新思想、新角度的较少，老生常谈、照搬照抄的较多；在语言方面，空话、大话、套话、废话较多，新鲜活泼、生动通俗的较少；在态度方面，高高在上、故作高深的较多，平等对待读者、循循善诱的较少；等等。

报纸只有勇于创新、锐意进取，努力对理论宣传的理念、内容、形式、话语、机制等进行全方位的改革，解决或改善上述问题，才能不断提高理论宣传的质量和水平，最大程度地发挥应有的作用。当前，对理论宣传也要像对新闻宣传一样，强化供给侧结构性改革，持续深化对党的创新理论的学理化阐释、学术化表达和大众化传播，努力增加有效理论供给，提高文章质量和理论宣传的实效性，不盲目追求数量、规模。

### （一）勇于创新和坚持正确的政治方向、舆论导向相结合

理论宣传直截了当地传播某种思想理论，具有很强的意识形态属性，

直接关系到党的长期执政能力建设。报纸开展理论宣传，首先必须坚持正确的政治方向、舆论导向，这是做好这项工作的前提和根本。坚持以马克思列宁主义、毛泽东思想、邓小平理论、"三个代表"重要思想、科学发展观、习近平新时代中国特色社会主义思想为指导，坚持新时代党的基本路线不动摇，坚持以人民为中心，始终同以习近平同志为核心的党中央保持高度一致，这是报纸理论宣传始终沿着正确方向前进的根本保证。

报纸的理论宣传，特别需要强调"政治家办报"，增强看齐意识，牢牢把握正确的导向。要唱响主旋律，大力宣传和阐释党的基本理论、基本路线、基本方略，传播各种科学理论和先进文化，塑造美好心灵，弘扬社会正气。敢于当战士、不当"绅士"，不做"骑墙派"和"看风派"，在大是大非问题上立场坚定、旗帜鲜明，对各种错误思潮要敢于亮剑，理直气壮地予以批驳。坚持直面现实问题，不回避各种矛盾，以实事求是的态度、唯物辩证的方法，引导人们理性客观地看待问题，用发展的眼光分析问题，避免片面化、简单化和情绪化。

坚持正确的政治方向、舆论导向，绝不等于因循守旧、不敢创新，生怕犯错误、挨批评，应当注意把握好二者的关系，做到"守正创新"。理论的生命力就在于创新，做理论宣传和理论研究、理论教育一样，都需要有强烈的问题意识，不断地提出问题、分析问题、解决问题。我们党的历史就是不断推进理论创新、进行理论创造的历史。

学习时报社社长许宝健认为，现在的理论宣传文章，普遍没有提出问题，自然也谈不上深入分析问题和提出解决问题的思路。党的二十大报告提出了理论创新要把握的世界观和方法论，即"六个坚持"，其中第四个坚持就是"必须坚持问题导向"。问题是时代的声音，回答并指导解决问题是理论的根本任务。[①]

### （二）理论性和新闻性相结合

报纸理论宣传文章毕竟和新闻报道、评论不同，还得遵循理论宣传自身的特殊规律，注重一定的理论性和学术性，新闻性可以相对弱一些。理论文章讲究相当的理性、深度和辩证性，重在给读者思想上的启迪，发挥对现实的指导作用。这就需要撰写者、审稿者多费一些时间进行思考，多费一些精力写作和修改。如果对理论宣传的时效性要求过高，跟新闻跟得

---

① 许宝健：《切实改进理论宣传应重视四个问题》，《中国记者》2023 年第 4 期，第 87 页。

过紧，就可能导致理论宣传文章策划不精、打磨不足，影响宣传质量。

理论宣传既需要把理论界最新的、科学的理论成果及时宣介给读者，同时也要及时回答时代和实践提出的新课题，群众提出的新问题，积极关注和回应理论热点，这也是理论宣传自身的规律之一。有的热点理论宣传不能过于滞后。因为在当前一个宣传热点上，大家关注度较高，注意力比较集中，阅读相关理论文章的兴趣也比较浓，如果报纸等这股"热劲"消失，再推出相关的理论文章，宣传效果就会打折扣。

另外，报纸是新闻媒体，因此，其理论宣传也应当和在其他媒介如图书、期刊、宣传栏等进行的理论宣传有所区别，要遵循新闻传播规律，体现一定的新闻性、时效性。理论宣传可以也应当和新闻报道互相配合，前者是后者的一种延伸、深化。这也是报纸理论宣传的鲜明特色。

比如近年来，我国一些省份试点 GEP 核算机制。GEP 是指生态系统为人类福祉和经济社会可持续发展提供的各种最终物质产品与服务价值的总和。由于普通读者不太熟悉这个概念，报纸理论版可以配合本报相关的新闻报道和评论，组织专家在理论版撰写相应的对 GEP 进行深度解读的文章。这样就有望达到较好的宣传效果。

总之，报纸理论宣传的时效性既不能太强，也不能太弱，要把握好二者的平衡。要根据相关宣传主题、当前重点宣传任务等具体情况进行具体安排，不能一概而论。报纸的理论宣传要有一定的前瞻性，一般来说，可以在可预见的重大会议、重大节庆、重要宣传任务来临之前，提前做好策划，提前请专家学者准备相关选题，写出文章提纲甚至初稿，从而保证理论宣传一定的时效性，让科学的理论及时、有力主导舆论。

### （三）理论深度和可读性相结合

理论宣传当然要坚持相当的思想性、理论性，然而，在这个基础上，也应当高度重视可读性，这是理论宣传发挥应有作用的基础。读者不爱看，再好的文章也如同摆设。当前部分报纸理论宣传的最大问题，恰恰就是普遍过于严肃古板，学术性专业性偏强，可读性偏弱，令人敬而远之，有人将之概括为"作者自写自看，编辑不得不看，广大读者不看"。所以，一定要在提高理论文章可读性上下大功夫，努力推进党的创新理论大众化，创新话语表达，以理服人和以情动人相统一，不断提高理论宣传的吸引力、感染力、亲和力，增强理论宣传的实际效果，尽力减少形式化和过于专业化的宣传。复旦大学新闻学院原院长米博华指出："要减少正面宣传的负面效应。观点的正确是重要的，但理论宣传尤其要讲究宣传艺术，不能简单生硬，使人们对理论宣传产生厌倦和反感。"①

提高理论宣传的可读性，首先要牢固树立群众观点、人民情怀和读者意识，坚持贴近实际、贴近生活、贴近群众，积极推动理论为人民服务、为时代服务、为现实服务。有一些报纸的理论宣传版无人问津，一个重要原因就在于，相关内容刊发只是为了完成宣传任务，至于广大读者爱不爱看、看不看，有多少收获，通通无关紧要。以这样的编辑思想、编辑态度做理论宣传，就很难提高宣传文章的可读性。

推动理论宣传入脑入心，要强化理论宣传的针对性。要紧密联系实际，坚持问题导向，抓住目标读者当前真正关心、真正困惑、真正想弄明白的问题，有的放矢，精准、"靶向"释疑解惑，说到点子上，说出新意来，把相关道理说透彻，能引发读者的共鸣。那种脱离实际、不着边际、言之无物的泛泛而谈、夸夸其谈、老生常谈，是找不到读者的。同时，还要做好分众化理论宣传。比如，有的文章主要是给党政机关的工作人员看的，有的文章主要是给学术研究人员、理论工作者看的，还有的文章主要是给本报目标读者看的，等等。针对不同的目标读者，文章的撰写要分别符合他们的思维习惯、文化水平、阅读心理等不同特点，这样才能收到良好的宣传效果。

总的来说，报纸理论宣传版要努力做到：文章切入点尽可能小一些，内容尽可能短一些，道理尽可能讲得深入浅出一些，表达形式尽可能灵活一些，文风尽可能活泼一些，口气尽可能软一些，努力将科学理论转化为目标读者能理解、会掌握、可运用的东西，大量推出有思想、有情怀、有温度、有品质、有影响的文章。要使这类文章成为理论宣传战线上机动灵活、见效快速的"轻骑兵"，明显有别于学术刊物上大块头的"重装部队"。

在报纸各版面中，理论版的政治性、专业性、学术性最强，可读性最弱。这是客观事实，是由理论版自身的特点所决定的。正因为如此，理论版不但要在内容上下功夫，还要特别注意在形式上下功夫，尽最大努力提高版面的可读性和亲和力。比如，栏目设置尽量丰富一些，除了严肃的理论文章，也可以穿插一两篇贴近现实、相对活泼、千余字的思想性或学术性随笔，还有编辑和专家之间一问一答式的理论访谈，等等。版面语言可

---

① 米博华：《新闻评论实战教程》，北京：人民日报出版社 2021 年版，第 280 页。

以丰富一些，不同类型的文章用不同的字体、行间距，避免版式过于单调呆板，当然也不可花哨。版面的布局疏朗开阔一些，营造一种美观轻松的视觉效果，适当使用漫画、图片、图表、栏花等。

### （四）全局性和地域性相结合

不论是哪个级别的报纸，都应当胸怀全局，不折不扣地宣传好中央的理论方针政策路线。这是做好报纸理论宣传的前提。绝不能以"地方报主要为地方服务"为借口，削弱对马克思主义、中央大政方针及相关精神的宣传。

当然，除了几家中央级党报，对绝大多数地方报来说，理论宣传主要为地方服务。除了宣传好中央有关精神，还应当体现地域特色。特别是地市报及以下的报纸，发行范围有限，服务地方的定位更加明确，要更多地展现出鲜明的地域特色，这样才能更好地吸引本地读者。这是因为，从读者的接受心理看，离他们地理位置越近、和他们关联越多的东西，他们越感兴趣；另外，有特色的东西才有较强的竞争力和影响力。

地方报的理论宣传要立足本地，服从和服务于当地党委的中心工作。一方面，要围绕地方党委、政府重大决策部署，邀请专家学者进行权威解读，统一党员干部群众的思想，凝聚团结奋进的力量，从而发挥理论引导的作用。另一方面，要结合地方实际和地方特色，对地方经济社会发展的重要经验、存在问题、未来走向等及时作理论研究和总结，供地方党委和政府决策参考。即便是宣传中央的方针政策和有关精神，也应当尽量结合当地特点，尽量突显地方元素，将与当地相关的内容有机融入理论宣传文章。比如中央推出长江三角洲区域一体化发展战略，那么与这个战略有关的省份及所属各地市的报纸，就可以根据当地在这个战略中的定位等情况，进行各有特色的理论宣传。

据《宁波日报》（理论版）编辑李磊明先生介绍，宁波是国家历史文化名城，有丰富的学术文化积淀，王阳明、黄宗羲等大师对中国思想文化史影响尤大，当地理论界、学术界在这一领域的研究也较有优势。《宁波日报》（理论版）以此为依托，积极探索开拓地方文化思想资源，强化理论宣传的地域特色。比如，2003年3月17日两会期间，时任国务院总理温家宝在会见记者时提到"黄宗羲定律"（历史上每次税费改革后，农民负担一度下降，但此后又会涨到比改革前更高的水平），但相关报道又语焉不详。

《宁波日报》（理论版）编辑及时约请宁波大学黄宗羲研究专家徐定宝教授，以专访的形式较全面、深入地阐述了"黄宗羲定律"的有关问题，于3月25日刊出，有效满足了当地读者的需求。文章还被《人民日报》（海外版）于4月28日转载。再如，为贯彻落实中共浙江省委提出的加快建设文化大省的精神，从2005年10月至2007年年底，《宁波日报》（理论版）开辟了《浙东学术文化名人》专栏，精选自汉代至新中国成立前50位浙东学术文化名人，评析他们的学术思想、生平事迹和历史影响。文章深入浅出，有相当的文化含量，地方特色浓郁，深受各方关注和好评。专栏文章还于2009年正式结集出版。①

### 三、理论编辑的遴选、培养和考核

理论宣传工作涉及哲学、政治学、经济学、社会学等多个学科，要求编辑有扎实的理论功底，特别是相当的马克思主义理论水平，还要具备多领域的知识积累、较高的思想文化修养、扎实的文字功底等。正因为对理论编辑的综合素质特别是政治思想素质要求很高，并且理论版和理论文章难有机会获中国新闻奖等重要奖项，不易像新闻编辑那样拿出重要成果，在评职称、评先进等方面容易吃亏，这就要求报纸建立健全符合理论宣传工作规律的特殊的人员遴选、培养、考核机制，设置专岗专人，给予必要的待遇，与其他的新闻采编人员区别开来。只有这样，才能使编辑安心工作，做好精心的策划、组稿、改稿等，不必为"生计"发愁；更重要的是，能静下心来，多读书、多学习、多思考，并做一些理论研究工作，从而不断提高自己的能力和水平。

现在部分报纸像对待普通新闻采编人员一样，对理论编辑进行严格的量化考核。由于不少报纸一周只有两个甚至一个理论版，报社认为理论编辑工作量偏少（其他新闻版夜班编辑一般一周要做四五个版面），于是或者不设专职的理论编辑，或者虽设专职理论编辑，又另行要求他们每月必须在本报发表若干数量和一定质量的稿件，这两种情况都不利于理论编辑队伍建设和理论宣传工作。鉴于理论宣传工作的特殊性和重要性，报纸应对理论编辑进行合理的考核，在保证他们有充足的时间和精力完成本职工作外，还能不断强化政治、思想、理论、文化素质。

---

① 李磊明：《党报理论宣传新论》，杭州：浙江大学出版社2012年版，第72页。

# 第二节　文艺副刊

文艺副刊的内容主要包括报告文学、杂文、文艺评论和纯文学作品（诗歌、小说、散文、戏剧等）。其中，报告文学、杂文、文艺评论是中国新闻奖的评审范围。

像《新民晚报》的《夜光杯》、《北京晚报》的《五色土》、《羊城晚报》的《花地》等，都是我国报界著名的副刊老品牌，也是当地城市著名的文化地标之一。可惜这样的品牌不多，各报应当勇于解放思想、开拓创新，多向晚报、都市报办得好的副刊学习，争创知名品牌。

## 一、报纸文艺副刊的地位、使命和功能

不可否认，受纸媒整体式微等因素影响，当前报纸文艺副刊也普遍面临作者、读者流失，内容质量下降，版面萎缩甚至消失等问题和困难。然而，文艺绝不是供人们无聊时休闲娱乐的文字小把戏，可有可无；恰恰相反，作为塑造灵魂的精神事业，文艺工作在党和国家全局工作中居于十分重要的地位，在新时代建设中国式现代化的文化形态、坚持和发展中国特色社会主义中具有十分重要的作用。

文艺的社会功能主要包括认识作用、教育作用、审美作用、娱乐作用、宣传作用、积累（文化）作用。文艺通过塑造艺术形象感染人、启迪人、鼓舞人，使他们的政治方向、思想认识、道德水平等发生变化，进而在不同程度、不同领域影响国家和社会。文艺是时代前进的号角，最能代表一个时代的风貌，最能引领一个时代的风气。文运同国运相牵，文脉同国脉相连。实现第二个百年奋斗目标、实现中华民族伟大复兴的中国梦是长期而艰巨的伟大事业，伟大事业需要伟大精神。鲁迅先生说，文艺是国民精神所发的火光，同时也是引导国民精神的前途的灯火。[①] 要改造国人的精神世界，振兴文艺很重要。举精神之旗、立精神支柱、建精神家园，都需要

---

① 鲁迅著，人民文学出版社编辑部编注：《鲁迅杂文选集》，北京：人民文学出版社1993年版，第44页。

伟大的文艺作品。报纸文艺副刊编辑应当从这样的高度来认识文艺的地位和作用，认识自己所担负的历史使命和责任，不应妄自菲薄、得过且过。

作为文艺类作品和评论的承载者、传播者，报纸文艺副刊集中体现了该报的文化品位、文化责任、人文精神和软实力，承担着一个地域文化建设重要参与者、推动者、引领者的光荣使命，是广大读者寻找心灵慰藉、陶冶情操、升华思想和坚定文化自信的重要精神家园。有影响的文艺副刊，不但是报纸的品牌，也是所在地域的品牌。和理论副刊相比，文艺副刊更加生动鲜活、形式多样、通俗易懂，亲和性、地域性、可读性较强，容易触及读者心中最柔软的地方，激发读者的共鸣，因而更有利于吸引读者，对提高报纸整体的可读性和影响力有不可替代的作用。

习近平总书记在 2021 年中国文联十一大、中国作协十大开幕式上的讲话提出："广大文艺工作者要增强文化自觉、坚定文化自信，以强烈的历史主动精神，积极投身社会主义文化强国建设，坚持为人民服务、为社会主义服务方向，坚持百花齐放、百家争鸣方针，坚持创造性转化、创新性发展，聚焦举旗帜、聚民心、育新人、兴文化、展形象的使命任务，在培根铸魂上展现新担当，在守正创新上实现新作为，在明德修身上焕发新风貌，用自强不息、厚德载物的文化创造，展示中国文艺新气象，铸就中华文化新辉煌，为实现第二个百年奋斗目标、实现中华民族伟大复兴的中国梦提供强大的价值引导力、文化凝聚力、精神推动力。"[①] 这个对广大文艺工作者的要求，是对报纸文艺副刊和副刊工作者的总要求，也是报纸办好文艺副刊的总方针、总纲领。

## 二、编好文艺副刊的基本要求

### （一）坚持正确的导向

坚持正确的导向，是办好副刊的前提和根本，是第一位的要求。

文艺副刊中新闻性较强的作品，如杂文、报告文学、文艺评论等，要坚持正确的导向，这比较好理解；那些似乎远离政治的纯文学作品，如诗歌、散文等，就有部分人认为不必强调导向问题。这种观点显然是错误的。因为不管什么题材、什么内容、什么风格的文艺作品，都应当传达正确的

---

① 习近平：《在中国文联十一大、中国作协十大开幕式上的讲话》，《人民日报》，2021 年 12 月 15 日第 2 版。

立场、观点、态度，去引导人们分清对错、好坏、善恶、美丑，激发人们向上向善的精神力量。比如有的诗歌虽有很高的艺术技巧，但传播消极颓废、得过且过的人生态度，这样的作品一旦公开发表，就会产生不良影响。

与新闻、理论作品不同，文艺作品产生作用的一个重要特点是，常常不直接表明立场、观点、态度，去引导人们应当怎么想、怎么做，而是不动声色、潜移默化、细水长流式地间接引导舆论、影响风尚。这是文艺作品讲究审美表达、文学语言张力较强、文学意象有一定的模糊性等特点决定的。正因为文艺作品的导向具有一定的隐蔽性，所以特别需要注意导向问题。

文艺作品的导向主要分舆论导向和审美导向。前者主要指文艺作品蕴含的对社会人物、社会问题和社会现象等的立场、观点、态度，后者主要指文艺作品蕴含的对美和丑的判断、认识和表达。前者类似新闻作品的舆论导向，后者是文艺作品特有的。舆论导向不正确，就会导致人心涣散、离心离德，甚至会导致社会动荡，破坏改革发展稳定大局。审美导向不正确，就会导致庸俗低俗媚俗之风盛行，健康向上的审美观被扭曲、被排挤，大量文艺作品迷失在市场经济的大潮中失去生命力，使社会的审美水平和审美能力下降，影响人的全面发展。

### （二）处理好文艺性和新闻性的关系

报纸文艺副刊和文学期刊的一个重要区别在于：前者属新闻媒体的一个组成部分，在保持文艺性的基础上，还要讲究一定的新闻性、通俗性；后者则更多地追求专业性、纯文学性。对报纸文艺副刊来说，要把握好作品的文艺性和新闻性相结合的度，过于突出某一方面都会造成失衡，导致作品的质量和影响力受损。文艺作品有其自身的规律，文艺性是其灵魂，如果对新闻热点跟得太紧，亦步亦趋，就会失去文艺副刊的特色和根本。另外，如果文艺副刊"两耳不闻窗外事"，沉醉于纯文学艺术和个人体验的小天地，缺乏鲜明的时代特征和较强的现实意义，又不符合报纸的定位和特点。

例如，2016 年是唐山大地震 40 周年，《河北日报》的《文化周刊》编辑特别邀请河北省作协主席关仁山撰写纪实文学《一切为了生命——由唐山大地震引发的思考》。关仁山既是小说《唐山大地震》的主创者，更是唐山大地震的亲历者，他写的这篇纪实文学读来真实可感、如临其境。文中以小见大、情景交融，既有鲜活生动的个人亲历，又有普通民众因地震改变的人生轨迹描摹，还有大地震背景下党和政府对灾区人民的关怀支持，灾区人民团结一致、共度时艰、重建家园的精神激荡，整篇文章透露出公而忘私、患难与共、百折不挠、勇往直前的抗震精神。该文感人至深、催人泪下，深受广大读者和专家好评，荣获 2016 年度河北新闻奖二等奖。①

像这种文艺性与新闻性的结合，很符合报纸文艺副刊的身份，显得恰到好处。有的报纸让编辑根据当地党委当前中心工作采写相关人物和新闻在副刊刊发，如果处理不当，则有可能让读者产生"跟风太紧，不符合副刊定位"的感觉。须知，文艺副刊的特色和优势不在"快"，从某种意义上说应是经过一定积淀后有深度、有张力、耐咀嚼的"慢"。

处理好文艺性和新闻性的关系，报纸文艺副刊应当适当强化杂文、报告文学和文艺评论。这三类作品的特点是新闻性和文艺性结合得较好。

当前，新闻性较弱、写景抒情类的纯文学作品读者流失较多。不少报纸副刊以随笔为主打产品，也刊发文艺评论和报告文学，较少刊发纯文艺性的散文、诗歌、小说。实践证明，多数读者更喜欢读有见地、能给其思想启迪、与时代紧密结合的作品，如启人心智、富有理趣、形式多样、语言灵动的随笔，文意隽永、激浊扬清、嬉笑怒骂的杂文，新闻性、故事性、可读性较强的报告文学。而对当前文艺现象进行分析、评价的文艺评论，可谓文艺领域的新闻评论，如果评得中肯到位，有新意有深度，语言表现力强，也受读者欢迎。

杂文由于经常针砭时弊，有的语言还相当犀利，大多数报纸副刊为了避免惹麻烦，采取敬而远之的态度，几乎不刊发杂文。阵地严重萎缩，这是当前杂文整体走向衰落的一个重要因素。第三十二届中国新闻奖罕见地没有评出杂文获奖作品，就是一个信号。其实对"杂文惹事"过于担忧，大可不必。只要把握好真实性、客观性原则，把准舆论导向，坚持思想性、文艺性和建设性，避免上纲上线、过于情绪化、大而无当、时评化等不良表达方式，积极探索杂文内容和形式方面的创新，报纸副刊杂文完全可以大展身手，再创辉煌。

有一些报纸副刊发表的文艺评论，存在论述肤浅、和稀泥、以说好话为主，甚至圈子内互相吹捧的现象，有真知灼见、敢说真话、敢于批评的较少。2021 年，中宣部等五部门联合印发的《关于加强新时代文艺评论工

---

① 金永清、崔立秋、张晓华：《全媒体时代党报副刊如何体现新闻价值和人文情怀》，《新闻战线》2019 年第 14 期。

作的指导意见》要求，建强文艺评论阵地，营造健康评论生态，推动创作与评论有效互动，增强文艺评论的战斗力、说服力和影响力，促进提高文艺作品的精神高度、文化内涵和艺术价值，为人民提供更好更多精神食粮。[①] 报纸副刊作为文艺评论的重要阵地，在这方面可谓责无旁贷。

### （三）突出地域特色

除了面向全国的中央级报纸，地方报的文艺副刊应当注重体现地域特色，包括历史、地理、文化、社会、经济等诸方面的特点。地域特色独一无二，是报纸副刊在激烈的竞争中体现个性、保持一席之地的独特优势。只有充分彰显地域性，才能贴近读者的阅读心理，提高可读性，增强副刊的吸引力和影响力，培养本地读者对副刊的感情和忠诚度，同时更好地发挥报纸副刊服务地方建设特别是文化建设，努力挖掘、传承、弘扬、发展地方文化的作用。可以说，树立鲜明的地域特色，是报纸办好文艺副刊的一大关键。

文艺副刊体现地域特色，在具体操作上，一是通过专门策划、设置相应专栏，如《福建日报》文艺副刊开设的《新人新作》专栏，主要扶持本省青年文学爱好者，在全省已形成一定的知名度和影响力；二是在例行编辑工作中多加注意和体现。例如，湖南省岳阳市君山区团湖荷花公园是亚洲最大的野生荷花园，每年 7 月，团湖都会举办荷花节，《岳阳日报》传统上只发新闻报道。2018 年，该报副刊编辑经过提前策划，于当年荷花节开幕前夕，在副刊头条刊发散文《荷花摇曳云水间——亚洲第一野生荷花园观荷记》。由于作者是土生土长的团湖人，而且在君山工作 30 多年，加上文笔优美，不但写了团湖的前世今生，而且写出了"接天莲叶无穷碧，映日荷花别样红"之美，文章发表后颇得好评。[②]

突出地域特色主要包括两个方面，一是多用展现本地地理环境、历史文化、风土人情的稿件，二是重点关注本土作者写的稿件。当然，注重地域化也不能走向极端，以致闭门造车，这样不利于开阔读者的眼界及提高读者的审美水准。部分地方报为避免一稿多投等现象，基本不用外地作者的稿件，这样的做法不值得提倡。须知，本土作者的数量、水平、特色毕

---

① 《关于加强新时代文艺评论工作的指导意见》，《光明日报》，2021 年 8 月 3 日第 3 版。
② 符烨：《速度 深度 温度——新媒体时代党报副刊策划的"三度"策略》，《新闻战线》2019 年第 14 期。

竟有限，同时外地作者的稿件也有高水平、人文情怀浓厚、弘扬中华优秀传统文化、体现人类共同价值的精品，应适当择优选用，以丰富版面的内容和风格，为读者提供更加丰富多彩和高质量的精神食粮。

### （四）注意把握好专业性和大众性的关系

报纸文艺副刊应当注意处理好专业性和大众性的关系，畸轻畸重均不可取。

文艺副刊常常能反映一个地域的文化水准、文化风尚和文化气质，因此，副刊总体上应讲究高品位、专业性，可通过约请专业作者特别是名家专家的稿件，来保证版面的专业水准，体现当地文艺创作所能达到的专业水平，繁荣当地文艺事业。特别是省级以上报纸的文艺副刊，有能力组织、编辑、传播较高水平的文艺作品，在这方面更应当担起责任。

当然，报纸副刊毕竟不同于专业性文艺刊物，因此，前者又不宜走高度专业化、主要为"圈内人"服务的路线，不宜刊发过于"先锋"、普通读者难以理解的探索性文艺作品，对资源有限的地方报来说，事实上也难以做到这一点。一般而言，一个版面有一两篇专业性较强、水准较高的阳春白雪之作，就基本可以满足版面的专业性要求了。当然，其他非专业人士写的作品，也需要精心编辑，体现一定的特色和个性。比如本地作者写的清新朴实，有趣味、有格调、有思想性的乡野小品文，可能说不上专业水平很高，但有独特价值和可读性，也很得读者的喜爱。

### （五）理性客观看待报网融合

从大量的论文、专著、新闻访谈等来看，不少人对文艺副刊进行报网融合转型的效果、前景过于乐观。

笔者目前唯一找到的能实事求是地论述这个问题的是《解放日报》的报人。据介绍，《解放日报》副刊实现了深度的报网融合，5 个副刊全都在报社的手机新闻客户端、官方网站"上观新闻"中开设了相应的栏目。然而从传播效果来看，副刊栏目的传播效果不太理想。在"上观新闻"60 个栏目中，5 个报纸副刊对应的栏目《朝花时文》《纵深》《海上记忆》《思想汇》《上书房》的平均阅读量和转发量都不高。除了《纵深》外，另几个栏目的阅读量和转发量长期排在 60 个栏目中的后 20 位。造成这一现象的原因与有些栏目自身更新频率、内容品质等有关，也与新闻客户端本身的一些特性有关。例如，根据"上观新闻"于 2018 年年末对用户行为进行的调查，平均每个用户每日使用新闻客户端的时长为 3 ~ 10 分钟，平均每次使用时长仅有 1 ~ 3 分钟。有限的使用时间决定了大多数受众倾向于浏览新闻，并非阅读长篇幅的副刊文章。①

　　《解放日报》的《朝花》副刊创刊于 1957 年，以其影响和实力，副刊纸媒与新媒体融合的实效尚且如此，更不用说大多数地方报了。因此，不管时代如何发展，办好报纸文艺副刊，"内容为王"依然是不二法则；技术再先进的新媒体，也只是一种承载内容的形式。如果指望主要通过新媒体、新形式来办好副刊，恐怕是缘木求鱼。

---

　　①　陈俊珺：《新媒体时代党报副刊发展策略探析——以解放日报副刊为例》，《新闻战线》2021 年第 8 期。

# 附　录

# 第二十八至三十二届中国新闻奖部分报纸获奖版面<sup>①</sup>

## 《济南日报》2017 年 7 月 31 日 "大阅兵"国内版 A6

（第二十八届中国新闻奖三等奖）

**作者（主创人员）：**戴保磊、李扬

**作品简介：**大阅兵！除了视觉上的震撼，更重要的是扬我军威、展我国威，充分表现了中华民族昂首屹立于世界民族之林的豪迈之情。本版大标题《昂首30度　抬起的绝不仅是自豪》画龙点睛，能够让人产生共鸣。而精心选用的两名士兵飒爽英姿的通栏照片，则对标题起到了呼应、映衬作用。此外，版面按照阅兵式的先后顺序、受关注程度，对阅兵式中的各大亮点运用"图表、重点介绍、现场照片"的形式巧妙加以表现，版面重点更为突出，同时不失飘逸灵动。

**推荐理由：**面对建军90周年大阅兵这一重大题材，该版选取阅兵式敬礼角度这一独特视角，巧妙运用照片，强化视觉冲击，同时以图表制作介绍主要作战群，信息含量大，又方便阅读。整个版面气势恢宏、主次分明，独辟蹊径、匠心制作，是难得的一个好版面。

**初评评语：**本版选择两名士兵飒爽英姿的图片放在通栏，视角独特。主标题画龙点睛，与主图形成强烈的呼应。图表加现场图片编排精巧。

---

① 资料来源：本部分内容选自中国记协网。

# 《成都商报》2018年5月15日"机长史诗级备降"要闻第3版

（第二十九届中国新闻奖三等奖）

**作者（主创人员）：**吴钦、张乃亮、徐剑

**编辑：**吴钦、张乃亮、徐剑

**作品简介：**"川航事件"发生后，《成都商报》第一时间在新媒体发布消息。编辑开始思考，如何在报纸版面上做出深度和新意，让已经了解信息的读者看到不一样的报道？川航新闻出来后，从事件的关联性和结果的稀缺性推断，这是一个"史诗级"的备降。这一视角决定了版面的整体报道形态：还原史诗级的画面、展开史诗级的故事。报纸的叙事结构应更宏大，给读者在新媒体上不一样的阅读感受。

（1）深耕版面，张扬"史诗级备降"这一新闻主体。版面的图片焦点重点放在两个上：一是选取客机放下轮子的一瞬间，突出新闻发生瞬间；一是聚焦新闻的主角——英雄机长刘传健。这是一幅堪称史诗级的画面，版面很好地记录了这一史诗级的画面。

（2）从"人无我有"到"人有我精"。版面很好地表达了刘传健机长的独家专访，立足细节，记录历史。

"川航事件"被《成都商报》在版面上全国率先定性为"史诗级备降"后，成为2018年度热词。英雄机长刘传健的英雄事迹也因为媒体的宣传报道家喻户晓，成为年青一代的偶像。而《成都商报》拿出的版面，配得上这一史诗级事件。

**推荐理由：**《成都商报》川航事件的版面，体现了互联网时代的版面价值，它不仅满足了读者的阅读快感和追问真相的需求，精益求精的版面表达也让它成为记录历史的收藏品。

同时编辑胜在格局与视角，找到了一个高于其他媒体的站位，在世界

级新闻面前，面对新媒体的挑战，版面编辑坚守新闻的价值，直抵新闻第一主角——刘传健机长，依托版面语言、视觉表现等版面编辑特有的优势，对新闻进行二次创作，赋予了新闻更全的视角、更有价值的思想。因此进行推荐。

**初评评语：**这个版式主题突出，条理清晰，各项元素布局得当，设计感强，运用了人物、实物特写的图片，绘制了飞机飞行路线及驾驶舱破窗位置的示意图，字体的字号、排列运用突出主题，节奏强，便于阅读引人入胜。总体上突出了事件主人公惊险中临危不惧、机智英勇。版面上加了"二维码"，通过扫描可以听到音频及相关延伸报道。

# 《解放日报》2019年10月2日"新中国成立70周年"第1、4通版

（第三十届中国新闻奖一等奖）

**作者（主创人员）：** 倪佳、王晨、竺暨元

**编辑：** 徐蓓蓓、朱爱军

**作品简介：**《解放日报》当日在全国党报中首创竖通版版式，版面的立意围绕毛泽东同志70年前的"占人类四分之一的中国人从此站立起来了"宣示展开。

版面主题采撷总书记讲话中的"中国的今天"和"中国的明天"，全要素呈现这一历史瞬间。一组内页盛典特刊的导读，选取1949和2019两组数字，通过文字设计编排，嵌入70年来取得的重大成就，配合飞驰的复兴号列车，寓意我国正走在"从站起来、富起来到强起来"复兴之路上。

整个版面气势磅礴，凸显党报关键时间点上的匠心。

**社会效果：** 在全国各报多采取整版、通版形式报道国庆盛典的同时，《解放日报》以竖通版形式首开全国报业之先河，版面从策划、立意、拟题、制图、导读制作，到版面设计呈现，一环扣一环，整个版面内容饱满、厚重大气。

版面编辑完成后，立即着手根据版面现有元素制作新媒体产品，通过海报形式和《上观早读》栏目对当日版面进行网端推广，一路人马实现报网两端联动传播，在业内引发高度关注和好评。

**推荐理由：** 新中国成立七十周年庆典，堪称万众瞩目。让激越、鼓舞、振奋的场景浓缩于有限的版面，本身就是挑战。此版面作品出色地提交了令人眼前一亮的答卷。更令人称道的是，仅凭视觉系统，我们即可感受到：过往的奋斗、当下的自信以及未来的期许。

# 《河南日报》2019年10月20日"二里头"特刊第45跨版

### （第三十届中国新闻奖二等奖）

**作者（主创人员）：**集体（刘雅鸣、高金光、郭津、龚砚庆、杜君、赵恒、刘竞）

**编辑：**集体（孙德中、马国华、单莉伟、王伟宾、刘晓波、刘志强）

**作品简介：**赫赫夏都，厥土生民；巍巍华夏，宅兹中国，"最早的中国"以二里头遗址为核心。2019年10月19日，二里头夏都遗址博物馆正式开馆，作为文化大省河南考古文化的一大盛事，《河南日报》浓墨重彩，以跨版特刊的形式恢宏呈现。跨版以关键的年代、时间等数据为引领，有对中国社科院考古所研究员、二里头工作队队长的专访；有对二里头遗址十个之最的提炼，看点十足。《文明之光　辉耀未来》一文对二里头遗址珍贵的考古价值、独特魅力及其深刻的时代内涵做出了生动的阐述；版面以夏朝建筑的主色调夯土色铺底，并辅以大型绿松石龙形器等文物符号点缀，增添了版面的历史味道。

尤其值得一提的是，版面中的二里头遗址平面示意图、二里头宫城想象图、二里头先民生活劳作想象图均是版面创作者在翻阅大量历史文献并考察二里头夏都遗址博物馆，与博物馆工作人员座谈反复斟酌讨论后一帧一帧手绘出来的。二里头遗址十个之最以及版面上的其他数字也是版面编辑在翻阅大量历史文献后高度概括出来的，这些素材既增强了版面的趣味性，又增加了版面的学术和收藏价值。

跨版特刊内容丰富，既有新闻稿件的时效，又有文献资料的严谨；既有图片、图表、数字、图示等传统的版面表达方式，又有与《河南日报》客户端合作的"小薇探宝"二维码的新媒体呈现手段。为了提高版面的收藏价值，《河南日报》特别制作了长130厘米、高70厘米的特刊卷轴赠予博物馆，该馆负责人说："新闻媒体的职业和工匠精神令人钦佩，这是我们博物馆开馆以来收到的第一件藏品，我们一定会将它珍藏到博物馆办公室里，必要的时候和博物馆展品一起展出。"

**社会效果**：该版面内容丰富，既有新闻稿件的时效，又有文献资料的严谨；既有图片、图表、数字、图示等传统的版面表达方式，又有新媒体呈现手段，突出文化自信的同时又体现了版面的学术和收藏价值。

**推荐理由**：《河南日报》版面"二里头特刊"，版面设计新颖，色彩古朴内敛，视觉语言运用得当，绘画灵动展现二里头居民的生活场景，版面代表文物展示结合新媒体产品"小薇探宝"，对二里头出土文物进行互动式的多媒体科普体验，是一次很好的版面创新。

# 《浙江日报》2020年11月23日
# "'互联网之光'博览会"第67版

(第三十一届中国新闻奖二等奖)

**作者（主创人员）：**集体（滕昶、高驰弘、陈仰东、吴雄伟）

**编辑：**金波、钱锋、袁艳

**作品简介：**该版面以大通版的形式聚焦"互联网之光"博览会，以"窗"为主题，将习近平总书记赋予浙江"重要窗口"的新使命新要求，和乌镇水乡的独特元素"窗棂"相结合。透过窗看到的是乌镇街景和"互联网之光"博览会，使得版面有了古今交融的历史纵深感。主标题"透过这扇窗，看见未来"，既呼应了版面主题，也契合消息稿主旨，一语双关。此外，CPU和电路图等互联网科技设计元素的运用也提升了版面的现代感。版面稿件内容丰富，新闻性强，除消息和评论外，还加入了展品介绍和"互联网之光"博览会历程，增加了报道的广度和深度。

**推荐理由：**该版面图文布局合理，以"互联网之光"博览会这场盛会作为切入点，通过"窗口"这一概念，巧妙地将乌镇水乡元素和"重要窗口"进行了结合，体现了高远的立意和高超的构思。版面运用丰富的元素，横向上通过消息、评论、图片等加强了对本次盛会的多维度报道，纵向上通过时间轴的形式，拓宽了版面的历史纵深感。

**初评评语：**该版面以通版形式报道"互联网之光"博览会，以"窗"为主题，巧妙将乌镇水乡元素和"重要窗口"进行了结合，体现了立意和构思。应用丰富版面元素，立体展示，评论、图片等多维度报道，信息量丰富，版面内容与设计完美结合。

# 《新华日报》2020年4月14日
# "因为有你　山河无恙——致敬江苏援鄂战'疫'英雄"第T7版

（第三十一届中国新闻奖二等奖）

**作者（主创人员）：**周贤辉、张迪

**编辑：**顾雷鸣、周贤辉、沈东

**作品简介：**这是一个看似"封面版"实则具有特别传播价值、特殊收藏价值的新闻版！它的价值就在于首次向全社会权威公开江苏援鄂医护人员全名单，是2 813名最可敬、最可爱的人的首次集中亮相，也是2020年4月14日江苏最后一批援鄂英雄凯旋之时，党报代表全社会给予他们的最高礼遇！

"因为有你山河无恙"，版面独辟蹊径，创意大胆，将一份名单作为整版唯一的内容突出处理并作艺术化呈现，从而与8个整版特刊中的其他版面报道有机融合，形成互补。该版上的每一个名字都是闪亮的新闻主角，都是广受瞩目的新闻人物，值得我们用最有创意的方式加以礼赞。正如"新华夜归人"公众号推文所说，把他们刻在纸上、记在心里，是媒体人致敬勇士的最高礼仪。

版面设计新颖巧妙，用手绘勾画出援鄂医护人员的形象，直观醒目地点出新闻主题，提升致敬、礼赞的核心含义。名单沿着人物轮廓用曲线形式排列，虚实结合，错落灵动，体现出震撼人心的效果。

**推荐理由：**首次向全社会权威公开江苏援鄂医护人员全名单！该版面看似"封面版"实则具有特别传播价值、特殊收藏价值的新闻版。将一份名单作为整版唯一的内容突出处理并作艺术化呈现，这一打破常规的编排思路，体现了编辑人员大胆的创新意识和专业的创新精神。报纸引众多读者好评、收藏，也得到援鄂医护人员的高度认可和点赞，纷纷签名留念。

**初评评语：** 该版独辟蹊径，将江苏援鄂医护人员的名字大胆进行了可视化处理，让人过目不忘，达到了良好的传播效果。纸媒编辑用浓浓的爱心、新颖的创意，致敬了白衣勇士的奉献和无畏精神。

# 《中国妇女报》2020年10月23日"纪念中国人民志愿军抗美援朝出国作战70周年"特别报道第2~3版

（第三十一届中国新闻奖三等奖）

**作者（主创人员）：** 吴瑛、张园园、王恒

**编辑：** 张园园、王恒

**作品简介：** 作为纪念中国人民志愿军抗美援朝出国作战70周年的特别报道，该版面独辟蹊径，从女性视角出发，以通版篇幅，文图并茂地回顾了广大中国妇女为保山河无恙，积极参与抗美援朝运动的事迹和卓越历史贡献。文图相互补充印证，可信度高、信息量大、富有深度。整个版面以红色铺底，搭配黑白图片，舒朗大气又不失历史厚重感，版面编排层次分明，具有强烈的视觉冲击力。

　　**全媒体传播实效：** 在各报纪念中国人民志愿军抗美援朝出国作战70周年报道中，该版以独特的女性视角来呈现主题，凸显《中国妇女报》在重大主题报道中的立意特色。版面标题经过精心打磨，排版舒朗大气，浓墨重彩地回顾和呈现了中国妇女在抗美援朝中的历史贡献，既具有创新性，又具有史料价值，受到读者和业内人士广泛好评。

　　**推荐理由：** 该版面围绕重大主题，视角独特地从女性视角挖掘抗美援朝中的典型样本，通过对诸多史料的详尽梳理和集中呈现，生动彰显广大中国妇女的家国情怀，凸显女报特色。疏密有致的版面语言兼顾了信息量和传播重点，整体版面设计简约协调，美感气势兼具，富有表现力，是重大主题报道版面策划的出彩之作。

　　**初评评语：** 该版面以一个特殊视角表达纪念抗美援朝战争的重大主题，色彩图片运用简洁，编排手法颇具匠心，烘托出强烈的历史感。

# 《人民日报》2021 年 7 月 19 日
# 《中华大地全面建成小康社会》要闻第 2 版

（第三十二届中国新闻奖一等奖）

**作者（主创人员）：** 集体（王军、吴燕、蒋雪婕、吕莉、祁嘉润、郭雪岩、李卓尔、蔡华伟）

**编辑：** 韩晓丽、彭俊、杨义

**作品简介：** 2021 年 7 月，习近平总书记庄严宣告：经过全党全国各族人民持续奋斗，我们实现了第一个百年奋斗目标，在中华大地上全面建成了小康社会。《人民日报》以数据可视化形式刊发专版《中华大地全面建成小康社会》，站位高、分量重、呈现巧，以大气灵动、清新隽永的表达独树一帜。

（1）聚焦重大主题，标刻辉煌节点。办好政治纸、留下历史纸。生动叙事与宏观数据紧密结合，恢宏气势与细腻情感相辅相成。图文有机互动，清晰阐释了党中央团结带领全党全国各族人民全面建成小康社会的伟大历史性成就，标刻了党和国家历史上这一辉煌节点。

（2）紧扣权威指标，梳理关键数据。党的十九大报告提出，到建党一百年时建成"经济更加发展、民主更加健全、科教更加进步、文化更加繁荣、社会更加和谐、人民生活更加殷实"的小康社会。整版以此构建逻辑框架，分解指标。突出展现最能体现群众获得感、幸福感、安全感的 16 组数据，全面、准确、贴近、直观。

（3）创新视觉体验，彰显文化自信。内容与形式完美统一，重大经济社会成就以文化自信的方式表达。版式设计创新融合水墨画、印章等中国元素，凸显中国特色。版面布局打破传统、详略得当。整版简洁生动、含蓄淡雅，在提升报纸版面美学体验方面做了有益探索。

**社会效果：** 报道推出后，"中国风"的版面受到社会各界赞赏，在人民日报社传播效果评估中获"周传播力第一名"。版面除在《人民日报》刊发外，还同步发布于《人民日报》客户端、全国党媒信息公共平台、人民网等新媒体平台，被多个媒体及部委等公众号转载，取得良好传播效果。多家中央主流媒体网站对该版面进行了转载。《人民日报》数字传播电子屏将专版制成海报，在全国各地及部分海外城市反复滚动播放。

**初评评语：** 一个好的新闻版面首先要有好的新闻题材，一个好的编辑一定要通过运用各种方法，将新闻以强烈的视觉冲击力和容易为读者接受的方式，抓住人的眼球，吸引读者阅读，体现编辑思想。2021 年 7 月 1 日，习近平总书记向全世界庄严宣告，中国已经实现全面建成小康社会目标，彻底消除了绝对贫困。这个目标的实现在中国，乃至世界都具有里程碑意义。这个版面 7 月 19 日见报，是反响报道，但是其呈现方式独具特色。整个版面以一篇概述文章主打文字，其余部分用数说和图表，全景展示了从 1986 年我国 GDP 从 1 万亿元到突破 100 万亿元的历史进程。从经济社会等六个方面展示了小康社会建设成就，将全面建成小康社会的各项指标清晰地展现出来，既帮助读者解读了新闻，同时也让读者增强了"四个自信"。编辑在版面编排上匠心独运，在版面中心以红色圆弧线为 GDP 增长曲线，视觉冲击力强，圆弧内和版面的其他地方丹青水墨着笔，中国特色鲜明，也体现出了编辑心中的"四个自信"。若是对于历史性地彻底解决了绝对贫困问题这个板块的处理再突出一些就更好了。

# 《经济日报》2021 年 8 月 13 日调查第 9 版

（第三十二届中国新闻奖三等奖）

**作者（主创人员）**：乔申颖、王薇薇

**编辑**：王玥、刘辛未、倪梦婷

**作品简介**：云南大象"北上南归"是 2021 年下半年的热点新闻。2021 年夏天，15 头野生亚洲象为全世界网民上演了扣人心弦、跌宕起伏的"冒险"旅行，并开启了一场关于生物多样性保护、人与自然和谐共生的深刻讨论。8 月 8 日晚在大象开始安全南返的时点，版面编辑与记者迅速沟通策划，随即深入一线调查采访，5 天后顺利推出整版调查报道。版面紧扣大众关注的焦点、热点话题，既有新闻事件的一线跟踪报道，也有现象背后的思考，以高质量的调查报道回应读者关心的问题。

版面版式设计大胆创新，采用漫画形象、实景图片与数据图表相结合方式，实景图片的运用体现版面的新闻性和现场感，数据图表的设计注重有效信息的传达，服务于调查报道本身，漫画形象的加入为版面增色，既紧扣报道主题，又增添了几分动感。整体版面语言协调大方、色彩搭配得当，信息量足、设计感强，带给读者较强的视觉冲击力。

**社会效果**：本版在传播推广上充分体现媒体融合发展特征。版面在策划选题、记者发回报道后，率先在《经济日报》新媒体平台推送了一波报道，如图文报道《在外"玩"了 17 个月，终于要回来了!》及多个短视频产品等，引发了网友关注。版面在报纸刊出后，与新媒体产品互为呼应。版面内容获得第三方网站、客户端等平台 236 次转载，同时在"今日头条"平台展现量近 9 700 万次、阅读量超 160 万次。多平台融合推广实现了传播效果的最大化。

**初评评语：** 云南野生亚洲象"北移南返"是 2021 年的热点新闻，关注度极高。本版稿件调查扎实，内容详细，结构完整，分析独到。尤其是以调查手记的形式，对"助象南归考验治理能力"作了思考，发人深省。版式设计感强，文字虽然破栏跳跃，但阅读体验良好。总体上看，文图协调，色调清晰自然，版面语言丰富，大气、大方。突出了人与自然和谐共生的生动图景，有力策应了全球瞩目的 2020 年联合国生物多样性大会（第一阶段）在昆明召开，是一个难得的好版面。

# 后　记

　　笔者 2001 年到福建日报社工作，历经记者、编辑、评论员多个采编岗位，迄今已工作了 20 多年。拙著算是对笔者 20 多年报纸工作生涯的思考和总结，当然也只代表个人的不成熟看法。

　　从 2013 年出版《国际新闻编辑》，到 2023 年完成《报纸采编新论》的撰写正好 10 年。"十年磨一剑"，坦率地说，这把"剑"磨得并不让我满意，主要原因还是积累有限、眼界不宽、学力不足，另外也明显感觉这 10 年比前 10 年精力下降了。唯一感到欣慰的是，不管怎样，总算没有浪费这 10 年的宝贵时光。写作这本书，也成为我这 10 年重要的精神支柱，让我能平安、充实地走过艰难岁月。搞学术研究是"亏本买卖"，牺牲不少，我却多年乐此不疲，原因无他，兴趣而已。看着自己写的书慢慢"长大"，2 万字、5 万字、10 万字……就像看着自己精心哺育的孩子在眼前慢慢成长，个中滋味非亲历者无法体会到。不知再过 10 年还能拿出点什么？

　　拙著初稿原为近 20 万字，由于各种原因，交稿时砍了几万字。个中滋味如鱼饮水、冷暖自知。最后，衷心感谢暨南大学出版社对拙著的大力支持，感谢责任编辑黄颖的辛勤劳动。

黄琳斌

2025 年 3 月于福州